Live to be Yourself

不管怎樣，別小看自己！

只有你擁有實踐自己夢想的力量，
別讓任何一個人輕易奪走你人生的意義。

別讓任何人決定你的人生，即使是你最親近的人也不行。
因為當別人做不到時，他們就會告訴你：「你做不到。」
跟著人群走不一定會快樂，讓天賦自由，就能充滿突破困境的勇氣，
實踐夢想，你才能找到此生真正的使命。

專業心理諮商師 **黃德惠** 著

【序】

不隨波逐流，找到生命的出路。

「親愛的，現在的你過得快樂嗎？」

「現在的生活，是你最想要的嗎？」

我常常用這樣的問題，來檢視自己的心。如果你的答案是肯定的，那麼恭喜你，相信不論你目前的境況如何，都正朝著你想要的人生前進，我相信不久的未來，你就能抵達夢想那一端；如果你的答案常常都是否定的，那麼或許你也可以像我一樣，看看造成自己不快樂、不滿意的罪魁禍首是什麼？儘早地清除掉這些阻礙心靈快樂飛升的小惡魔。

我必須承認，現實的人生中，的確存在著各種阻礙、磨難，而且在我們前進的路途中，還會遇到許多熱心人士不斷地「指點迷津」，但他們的建議是如此的紛雜，以致於你逐漸忘了自己原本最想要的生活、成就、快樂，所以難免會徬徨、會沮喪，但只要相信自己，人生的掌控權其實是在自己手中的，只是你一時不慎迷失了，只要堅定信念，不小看自己，就一定能重新找到正確的方向。

就像小時候，從學校到家裡的路徑有如此多種，但只要你清楚地知道家的位置在哪裡，那麼不管你今天選擇走哪一條路，不論路的長短、蜿蜒與否，最終你還是能到達溫暖的家，人生也是如此。

即使你現在站在人生的岔路上，不知該往哪走，其實答案是：「都可以，只要你沒有遺忘你心中的夢想。」只要你不拋下它，心始終會領著你回家。

但我們人生中有時會遇見諸如此類的困惑：當你心裡的小孩告訴外在的大人：「我想做畫家。」

大人卻回答：「你的插畫功力足以餬口嗎？還是選擇一份穩定的工作，等退休後，你每天愛怎麼畫就怎麼畫吧！」

心中的小孩就會默想：「難道我這輩子只能這樣嗎？」

親愛的，你一定要記住，沒有人有權決定你的人生，就算是最親近的人也不行。

雖然他們都是出於善意、愛意，但世界上沒有一個人會比你更了解自己。你的天賦、你的使命，也只有自己能完成。

或許在這一路上，會有很多人告訴你：「你做不到、你不行。」其實答案背後的眞實原因是：他們自己做不到、甚至也沒努力過就放棄了。

如果當時每一個人都聽從這樣的「建言」，愛因斯坦就不可能創造出《相對論》、聾了的貝多芬也寫不出《快樂頌》，令人懷念的賈伯斯也設計不出本世紀最讓人瘋狂的夢幻逸品——i-Phone。

所以，即使你並非這麼滿意目前的生活，也可能正在擔心自己是不是走在一條錯誤的道路上，只要你明確知道自己想要的是什麼，just do it! 千萬別在還沒投入之前，就先小看了自己！不管一天儘可以完成十分之一或百分之一的夢想，只要你現在啓程，就會有到達的那天，畢竟人生苦短，一生只有一次，別忘了，生命就要浪費在最美好的事物上，燃燒你心中的夢想吧！

Contents

Chapter 1 讓天賦自由，跟著人群走不一定會快樂。

Chapter 2 磨出關鍵力，讓每一個關卡成為升級的跳板。

Chapter 3

可以輸給別人，但絕對不能輸給自己。

Chapter 4

要效率也要效果，「忙」在對的地方。

Chapter 5 心胸開闊，人人皆能爲你築夢。

Chapter 6 認清現實，轉動每一把啓動夢想的鑰匙。

最會限制自我發展的，往往不是環境，而是那顆恐懼不安的心，

原本以爲跟著前人的路徑走，就會安全抵達目的地，

殊不知他的快樂不一定是你的幸福，

別再浪費盲從的光陰，用自信開發出被極度壓抑的潛力，

從今天起，你的快樂，只有自己能決定。

Y o u r s e l f

Chapter 1

讓天賦自由，
跟著人群走不一定會快樂。

Live to be

誰說你不能成為第一？

大部分的人總是能詳細列出許多自己的缺點，
卻無法明確說出自己的優點。

如果有人問你：「你覺得自己在老闆的心目中，排名第幾？」你會將自己列爲第幾名？你又會根據什麼樣的標準進行評比呢？

有趣的是，根據統計：大部分的人都不會將自己評爲第一名，而會將自己評爲第三到第六名。爲什麼你不敢將自己列爲第一呢？是你沒有實力，還是對自己缺乏信心？

成爲自己生命中的伯樂

其實，每個人都有與生俱來的天賦，只是經過教條的洗禮，我們都忘了人生其實除了單一的價值觀之外，還有更多的發展性。

也許你的在學成績並不理想，但你的運動或藝術細胞十分發達；也許你不善言詞，但你做事有效率、又善於規劃，總能使命必達。

試著靜下心來，想想從幼時以來，你最擅長的是什麼？你做什麼事的時候最開心？這就是你人生的最大優勢。

樂於面對自己的才能，而不是用「我不會……」、「我不行……」、「我不能……」等推托之詞來躲避自己人生，以正面、自信的態度接受各種挑戰，你心中的那塊無價之寶就會越磨越亮。

曾寫下膾炙人口的《基督山恩仇記》的作者——大仲馬（Alexandre Dumas）在成名之前，也對自己沒什麼信心，還一度窮困潦倒，在走投無路之時，他曾請伯父替他介紹工作。

伯父當時問他：「你擅長做些什麼？」

大仲馬心虛地回答：「我沒有什麼了不起的本事。」

伯父又問：「你會會計嗎？」

大仲馬困窘地回答：「不，我對數字沒什麼天分。」

伯父搖搖頭，又問：「你懂物理嗎？或者歷史和法律呢？」

大仲馬氣餒極了，頭越來越低，他小聲地回答：「我什麼都不會。」

「我眞慚愧，我一定會努力補救這些缺點。不久之後，我一定會給您一個滿意的答覆，讓您看見我的進步。」大仲馬滿臉通紅地說。

伯父嘆了一口氣，拿出一張紙對他說：「但是你總要生活啊！將你的住處留在這張紙上吧！有適合的工作我會即刻通知你。」

大仲馬低頭寫下了他的住址。這時，伯父見了大仲馬的筆跡後，如獲至寶地驚嘆：「你寫了一手好字啊！誰說你什麼都不會呢？」

就因爲伯父的鼓舞，大仲馬才知道自己的字寫得不錯，所以對文字創作有了更大的信心與興趣，在每天持續不斷地寫作訓練之下，文采也有長足的進步。最後，大仲馬終於堅定地踏上了文學之路，發揮自己的天賦，成爲家喻戶曉的一代文豪。

就像大仲馬一樣，許多年輕人都有「妄自菲薄」的通病，一定要經由他人的肯定，才能大方地承認自己的能力。但並非人人都能像大仲馬一樣能遇到伯樂，因此，你必須努力尋找自己的長處，哪怕它再微不足道，你都必須將它視爲信心的泉源，讓它帶領自己順利地邁向成功。

許多年輕人總謙虛地說自己沒有多大本事，無非是認爲自己缺乏歷練，或擔心誇耀才華會被譏笑成不知「一山還有一山高」，因此內心對自己總是充滿懷疑，甚至認爲自己一無是處。

其實，每個人都像是尚未完全開發的寶藏。因此，有機會展現自己時，你應該替自己加油打氣，並把握機會發揮所長，才不會錯失讓天賦發光、發熱的機會。

相信自己，夢想就在心裡生根

很多時候，我們總是告誡自己：「人外有人，天外有天。千萬別太自負，以免貽笑大方。」所以無論羨慕或忌妒，我們的目光常常都在追逐別人，而甚少注意自己。

如果有人問起：「誰是這群人中最優秀的佼佼者？」大多數的人都會很快地推舉他人，卻不敢舉手毛遂自薦。

就像小學選舉班級幹部時，被提名的同學總是害羞地表示自己無法勝任，非要等到其他人你一言、我一語地舉例：「你功課很好」、「你上學從不遲到」等理由，當選者才欣然接受職務。就算離開校園已久，很多人依然寧願相信別人的鼓勵，也不肯相信自己的判斷。

古希臘哲學家蘇格拉底（Socrates）在臨終前曾留下一句名言：「最優秀的人就是你自己。」這句話背後其實還有一段不為人知的緣由。

有一天，被判死刑的蘇格拉底知道自己時日無多了，便將自己的得意門生叫到床前，並對他說：「我的蠟燭所剩無幾了，必須找另一根蠟燭將燭火傳承。你明白我的意思嗎？」

他的學生回答：「我明白，您的思想必須延續，必須有人繼承您的衣缽。」

蘇格拉底點點頭說：「沒錯。我需要一位最優秀的繼承者，他必須具有崇高的智慧，還要有充分的自信心和非凡的勇氣……你幫我尋找適合的人選，好嗎？」

於是，這位被賦予重任的學生就不辭辛勞地透過各種管道，四處尋找「最優秀的繼承者」。但他推薦的人卻被蘇格拉底一一婉拒，眼看行刑的時間一天天逼近，繼承者的人選還是一點眉目都沒有。

迫於無奈，這位學生只好淚流滿面地坐在牢籠前，對蘇格拉底說：「對不起，老師，我讓您失望了！」

心靈 Update

✦ 你能為自己帶來夢想，但也可能剝奪自己的夢想。
❤ 你做什麼事的時候最開心？這就是你最大的優勢。

「失望的是我，對不起的卻是你自己。」蘇格拉底緩緩地回答。

「其實，最佳的繼承者就是你自己，只是你不敢相信，一直將自己忽略了……。每個人都是最優秀的，差別只在於如何認識、發掘和重用自己。在我心目中，你是最有智慧的人，可惜你最欠缺的就是信心。」蘇格拉底語重心長地說。

其實，蘇格拉底在教育中最重視「自知之明」，他觀察自己的學生後發現：那些過度自大狂妄的人，往往是因爲害怕別人發現他們的才薄學淺，所以才表現出一副不容質疑的樣貌，但其實他們的學問一戳就破；但較謙遜之人，反而是懂得尊重其他人的想法意見，他們的學問是充滿包容性，而唯有一個人擁有納百川的胸襟，才能獲取百川的精華。但他卻一直很擔心這位擁有滿腹才華，卻沒有信心施展的學生小看自己，因此他決定用此方式爲他上最後一堂的人生課。

在這個世界上，沒有人是十全十美的，但也沒有人是一無所長。上天公平地賦予了每個人某些特長和技能，但必須靠人們不斷從生命的體驗中，自我挖掘隱藏的寶藏，讓人生能閃閃發光。

試著打開存在藏寶箱裡的天賦，讓自己從平凡走向卓越，有時候只需要一個最簡單的信念：「Trust me, you can make it!」

慎選天上掉下來的機會

閉上你的眼睛，傾聽自己的心聲，
才能挑選出專屬於你的關鍵時機。

人的一生中，充滿了許多命定的關鍵時刻，但我們常常錯過，等事後才發覺。

你的人生轉折關鍵，也許是一場考試，決定了你是否會留在故鄉或前往外地；或是無意間認識了一個與自己生活領域截然不同的朋友，藉由他的介紹，你與現在的另一半相遇；甚至是一個靈光乍現的想法，再加上一點實踐的衝勁，你因此存到了人生的第一桶金。總之，生命中總會出現許多「偶然」的時刻，有時命運的分歧點，就在你的轉念之間。

用心取捨，成就才能貼近你心

很多人都會將這樣的偶然稱爲「命運」、「運氣」，但我認爲生命的轉彎往往並非「純粹的偶然」，只是很多事情，是用心體會才能察覺的，但我們往往比較依賴自己的大腦，而不是聽從自己的內心，所以才會覺得「事出突然」。

其實，每個人的生命中一定都曾出現幾次特別lucky的時刻，但只有願意自省，懂得傾聽自己心聲的人，才能成爲眞正的幸運兒。

因爲人生就像一座迷宮，找到正確的路口才能走出迷霧森林，但大多數的人都因一時的衝動、盲目而迷失自我，原以爲前面有條康莊大道等著自己，兜了一大圈後，才發現自己仍在原地踏步，問題是，人生能有幾次重來的機會與本錢？

進入社會工作後，我們的選擇更多了，所以就更常陷入進退兩難的抉擇中。例如：該不該爲了高薪，放棄現在安穩的工作？該不該淘汰A，接受B？

當你決定之後，其他的選項也就消失了，取捨的智慧，是人們終其一生都必須學習的課題。但該如何取捨，才能取得最終的幸福與快樂呢？

其實，機會俯拾即是，但很顯然地，有一些事物並不屬於我們。就像在迷宮中處處都會出現叉路，但並非每條路徑都通往出口。

當我們和眾人擠破頭、搶得某個機會時，也許會突然發現這並不是自己渴望奪得的目標，不僅白費了心力，還扼殺了其他人的夢想。

挑選適合你的機會

大學畢業後，阿偉和其他的求職者同時應徵進一家日商公司，第一天上班，主管就明確地告知大家：「試用期過後，我們公司僅會錄取一名表現最優秀的人為正職員工，其餘的人則會被淘汰。」

這一席話，讓阿偉湧起了滿腹的鬥志，決心要成為那一個幸運兒。所以他改掉了懶散的舊習，為了業績，成為每天早晨第一個進公司的人，晚上也是最後一個下班的人，他的努力，主管都看在眼裡。果然皇天不負苦心人，他得到了萬中選一的正職職缺。

但就在升為正職員工的同時，他發覺自己陷入了進退兩難的境地。雖然他在這段時間學了很多、也成長了不少，但他始終覺得自己的性格與該企業的文化格格不入，他常常戰戰兢兢、必須繃緊神經才不至於犯錯；此外，這份工作雖然待遇優渥，但發展前景卻很有限，短時間的成長或許突飛猛進，但時間久了，卻也可能舉步不前。

心靈 Update

✦ 當你決定之後，其他的選項也消失了。
❤ 機會俯拾即是，但有一些事物並不屬於我們。

因此，阿偉心底悄悄萌生去意，卻又覺得這是自己費盡心力才爭取到的工作，但繼續做下去，又有「尸位素餐」之嫌。於是，阿偉又在這家公司多撐了一、兩年，最後還是因爲與自己的志願不符，又離開了這家公司，幾年的寶貴光陰，就因爲自己的三心二意而流逝了。

很多時候，我們常常因爲一時衝動，或者因爲有競爭，才對某些事物充滿無限憧憬，仔細思考或身在其中後，才發現它並非如自己所想，卻已蹉跎了時光。

這種「吃碗內，看碗外」的心態，又讓我想起了一個有趣的小故事。

一位老農夫把餵牛的牧草鏟到小茅屋的屋簷上，路過的人不免感到奇怪，於是問農夫：「爲什麼不直接把草鋪在地上讓牛吃呢？」

農夫回答：「這種牧草的草質粗糙，如果將它們鋪在地上，牛隻就不屑一顧；但是如果放到牠們勉強才能搆得著的屋簷上，牠們就會想盡辦法去吃，直到將全部草料吃光爲止。」

有時候我們就像是這些好高騖遠的牛隻一樣，總覺得自己努力爭取到的，才是最好的，卻從沒問過自己的內心究竟想要什麼？

親愛的，面對外界不勝枚舉的誘惑，你必須學會分辨哪些是適合自己的人生契機？哪些又是僞裝過後的陷阱？千萬不要盲目爭取。

很多人東張西望觀察四周，卻在三心二意中錯過了眞正屬於自己的機會。在人生的道路上，你應該先詢問自己內心的主人，才能判斷目前的機會究竟是不是你想追求的，切勿隨波逐流或道聽塗說，才能讓自己的人生「回歸正途」。

別讓工作把你定型

當環境發生變化時，不要害怕改變，更不要安於現狀，生命的轉折往往就在此時。

初入社會時，我們總是爲前途茫茫而焦急，希望可以找到一條迅速到達理想的道路，於是，人們急於爲自己做人生規劃與職業定位。然而「欲速則不達」，最終我們常常會發現自己的定位限制了思考和發展方向，使你的人生陷入僵局。

其實，人生就像棋局，形勢時時刻刻都在變化，如果不能隨時調整自己的前進方向和前進速度，你的人生局勢恐怕因踏錯一步而全盤皆輸。

生涯「再規劃」

當然，完善的生涯規劃十分重要，它能成爲你前進的動力，讓你掌握人生的方向，更可以幫助你養成「事前計劃」的好習慣，讓你有按部就班完成任務的成就感。但別忘了，一份量身訂作的生涯規劃，必須與時俱進。

所以，當你在既定的崗位上感到越來越使不上力，或發展開始停滯，又遇見更適合你的機會時，那麼就應該勇於打破現狀，積極對自己的人生「重新規劃」，千萬不要耽溺於一時的安逸而墨守成規，否則你原先的定位不僅無法幫助你成長，反而會成爲你人生的絆腳石。

其實最正確的人生定位不是靜態的，而是動態的，如果你的能力已突飛猛進，不可同日而語，或者工作與生活環境發生重大變遷，你就需要重新思考，讓人生找到更好的出路。

許多人就因爲不懂即時思變，因此錯失了改變人生的大好機會，以下故事中的乞丐就是一個最好的例子。

依據多年的行乞經驗，乞丐知道自己每天平均可乞得七十元，於是他爲自己的收入規劃如下：早餐花十元買一顆包子，午餐花二十元喝一碗味噌湯，晚餐花三十元吃一碗魯肉飯，最後的十元則存起來，以備不時之需。他的夢想是存到五百元，買一條溫暖的被子，好抵禦冬天的寒冷。

某天，乞丐偶然撿到一張樂透彩券，原本不抱任何希望的他剛好看到路邊的電視正在開獎，竟意外地發現自己對中了頭彩，轉眼間，他成了億萬彩金的得主！這個消息很快在乞丐圈裡傳開了，大家都對他的幸運而羨慕不已。

奇怪的是，這位乞丐竟繼續在街頭行乞，他的同伴看到他，好奇地問：「你怎麼還在乞討？不是之前中了頭彩了嗎？」

這位乞丐苦惱地回答：「聽說一億元大鈔需要一個很大、很大的布袋才能打包，我沒有這麼大的布袋。」

「這有什麼難的？去買就好了呀！」同伴一派輕鬆地回答。

聽到同伴的回答，乞丐有些不耐煩地說道：「開什麼玩笑！那些存款是用來買棉被的，把儲蓄全部拿去買布袋，等寒流來了，萬一我凍死了怎麼辦？」

或許你覺得乞丐爲了堅守「一日存十元，只爲買棉被」的計劃，竟然放棄了上億彩金，實在愚不可及！但當你遇到生命中的變化時，是否也曾與乞丐一樣，憂慮過度，而錯失大好的良機呢？

心靈 Update

- 人生的悲劇就在於缺乏方向感，或者盲目向目標奔跑。
- 你應該為自己事先規劃，但不能就此被定型。

順手摘取人生路上的果實

其實，人生的定位並非一成不變地鎖定一個目標，而是確定階段性目標後，再想辦法一步步接近這些目標。

就像你想摘某顆大樹上的蘋果，結果發現樹上結的是桃子，難道你選擇空手而返，而不是順手摘一顆桃子嗎？

要時時刻刻審視自己哪些方面的成長，看看目前的定位是否已經不適合自己了？是否需要一個更接近的目標？聰明的人懂得順手摘取人生道路中遇到的果實，而不是自己想要的水果，避免到頭來一無所獲。

對於很多人來說，人生的悲劇就在於缺乏方向感，茫然地前進，到了生命的終點卻不知道自己追尋的究竟是什麼？或者發現自己盲目地向目標奔跑，最後竟錯過了路邊更美的風景和更好的機會。

因此，你應該將自己的生涯規劃視爲一個動態的計劃表，時時修改與評估，才能充分掌握自己的人生，讓遺憾減到最低。

做自己的啦啦隊長

遭遇挫折時，唯有自己鼓勵自己，才能讓你以最快的速度從傷痛中復原，重新前進。

人的一生總是必須遭遇許多風浪，挫折對於任何人而言都是必經之路。如同幼兒學步，跌越多次跤的孩子總是比害怕跨出腳步的孩子更快學會走路，我們不妨將打擊與失敗當成人生的磨練，遭受一次挫折，你也吸取了一次經驗，而這些經驗都將幫助你更接近人生的目標。

因此，當你失意時，你應該打起精神勉勵自己再接再厲，因爲就算失敗也並非一無所獲，也許這些路上的打擊能幫助你用更清明的心釐清理想。

唯有一個懂得自我鼓勵的人，才能以最快的速度從逆境中爬起來，並且讓自己從失敗中汲取養分、快速成長。

雖然在遭遇低潮的時候，我們總希望身邊有

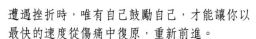

人拍拍我們的肩膀輕聲安慰，但別忘了，天底下最了解你的感受的人莫過於自己，因此你應該成爲自己最忠實的啦啦隊，一路爲自己加油打氣。

自我療癒三部曲

面對生命的難關，我們難免會感到沮喪，但別忘了，短暫的休息其實是爲了未來能走更長的路，所以別一股腦地陷入自我責難的地獄中，而是應該想想如何能重新再站起來。在這段時間裡，我們應該如何陪伴自己呢？

1. 設法宣洩情緒

無論是傷心、憤怒或失望的情緒，試著向最親近的人傾訴，或者可以找個隱密的地方大哭一場。只有懂得合理發洩情緒的人，才不會將壓力沉積在心底，適當地發洩是一種自我保護。

2. 冷靜反省錯誤

將不良情緒宣洩後，你應該沉澱思緒，思考自己到底犯了什麼錯誤，並且從失敗中歸結問題的癥結。只有能從打擊中汲取經驗的人，才能不斷進步，避免重蹈覆轍。

3. 鼓勵自己重新站起來

一個人跌倒後能不能站起來，取決於自己的決心。所以，無論有多少人鼓勵你，你都必須先從內心深處鼓勵自己，才有東山再起的可能。

照亮自己的本質

面對挫折，有的人重新站起來了，卻因爲害怕再次遭受打擊而止步不前；而有的人雖然同樣害怕痛苦，但是他們卻能自我激勵，不輕易向命運低頭，於是愈挫愈勇，最終脫胎換骨、走向卓越。就像以下知名服飾品牌的董事長一樣。

年輕的時候，張先生曾與朋友合夥在離島開民宿，沒想到經營了一年後，朋友竟擅自將民宿的所有權變賣還捲款潛逃，讓他畢生的積蓄化爲烏有。

礙於現實，身無分文的他只好向朋友借了五十萬擺地攤賣襪子，沒想到某天晚上他貸款買來的中古小貨車又失竊，而車子裡的貨也一併被帶走。

接二連三的厄運不僅讓他面臨失業與破產，甚至負債累累。當大家對他的經歷表示同情時，沒想到幾年後，他卻成了一家知名服飾品牌的董事長，身價高達兩億台

心靈Update

✦ 一個人跌倒後能不能站起來，決定了生命的深度。
❤ 世界上唯一了解你本質的人，只有你自己。

幣。

在某次新品發表會上，記者們爭相地訪問：「張董，在日子最苦的時候，您爲什麼能一次又一次地站起來，並且始終相信自己會成功呢？」

他笑了笑，順手拿起空的水杯，反問記者：「你覺得我如果鬆手，這只杯子會怎麼樣？」

記者說：「如果被摔在地上，當然會支離破碎。」

「那我們試試看。」他微笑地說。

說完，他手一鬆，杯子掉到地上發出一聲清脆的聲響，但並沒有碎掉，反而完好無損。

他繼續說：「相信在場的十個人裡，有十個人都認爲這只杯子必碎無疑。但是，它並不是普通的玻璃杯，它是用玻璃纖維做成的。在我們決心完成一件不可能的任務時，周遭的人都認爲你會失敗，但是，他們並不了解你的眞正實力。世界上唯一知道你本質的人，只有你自己，所以我只相信自己。唯有相信自己會成功，你才可能成功。」

的確，沒有人比你更了解自己，遭遇挫折時，也只有你最明白能夠激勵自我的方法。無論是放自己一個長假，到一個能夠沉澱自己的地方，好好地放鬆一下；或是聽一首簡單的歌，找回你對人生的美好期望，只要能用正向的心態鼓勵自己，就能用樂觀擊退生命中的陰霾，重新迎向溫暖的陽光。

不怕被利用，就怕你沒用

被利用並不全然是壞事，有時候正因為無私的付出，才讓你的才華有機會曝光。

你是不是曾經有過感覺「被利用」的不愉快經驗呢？

在許多組織迂腐的公司裡，菜鳥往往只有在負責的案子出紕漏時，才會被同事推出來揹黑鍋，所有的功勞與績效全被資深前輩們獨攬。而許多涉世未深的年輕人因爲害怕被利用，所以變得瞻前顧後，甚至不願全力以赴。

其實，你不用擔心自己的努力成爲別人的成就，因爲主管或同事利用了你，正說明了你有「利用價值」，簡單地說，在他們眼中，你是個「有用」的人。

創造你的剩餘價值

其實，世界上的因果都其來有自，所謂「幸

運」的人並不是因爲他們特別幸運，而是你沒看到他過去的努力及種下的善因，現在才能得到好的果報。

人與人的相處亦然，也許你曾疑惑：「主管爲什麼如此欣賞那個人，機會爲什麼老是降臨在他頭上？」

事實上，在他實現了自己人生價值的同時，必然也爲他的頂頭上司創造了剩餘價值，所以最終的好處還是會回到自己身上，並不用特別計較一時的得失。

試想，「伯樂」爲什麼會平白無故地賞識一個人？看似成功的企業家，爲什麼要與同業合作？因爲他們看中了對方能爲自己效力，實現超乎自己能力的價值。因此，有實力的人不但不擔心被利用，還會拼命增加自己被利用的機會，如此在幫助別人達成目標的時候，也造就了自己的人生價值，更獲得了無可取代的人生經驗。

收穫總在意想不到時

希望自己的每一分努力都能夠被看見，都能獲得超值的回饋，這是人之常情。但如果因此導果爲因，總是在計較自己能夠得到多少的回饋，才決定要投入多少的努

心靈 Update

✦ 世界上的因果都是「等值交換」的結果。

❤ 人生中有很多意外的驚喜常在「吃虧」後出現。

力，這樣的人，就算最終能夠獲得自己想要的成果，仍舊無法找到自己人生的意義。

因爲他將自己的價值，只建立在看得見的「有價」報償上，卻忘了人生中，還有許多「無價」的回饋，例如：歷練、成就感、感情……等，才是讓一個人的生命無止盡綻放與延續的關鍵。

記得小學的時候，我總是替別人代筆撰寫演講稿，但因口才不佳、沒有說服力，因此只能當個默默無聞的無名小卒。但每當聽到自己創作的成果，交由演講者在比賽時朗誦出來的那一剎那，我感到自己的文字彷彿果眞有股影響力，吸引住台下每一個人的目光。

我私下也常想，如果今天站在台前朗誦的人是我，或許演講的魄力就會被削弱許多，因爲我的聲音較柔細，不夠渾圓有力。

但是，在這段經歷中我並非單方面付出。因爲一學期的合作關係，讓我跟這位參與演講的同學成爲莫逆之交，課後時間我總會陪著他一同練習。一邊聽著他朗誦的音調，順便爲他修改更合適的詞句，漸漸地，我也因爲從旁觀察的次數多了，竟也自然跟著一起學「腹式呼吸」，或是用「丹田」發聲；也在無數次的「陪讀」發聲練習中，讓自己的音域變廣、音色變美。久而久之，我學會正確的發聲方法，從音箱中傳出來的聲音再也不像過去柔細無力。

我從來也不曾想過，這樣的歷程，竟然會爲數十年後的講座發揮了一定的影響力，現在的我，即使面對廣播、群眾，我都不再怯場。

人生中有很多意外的驚喜常在「吃虧」後出現，而這樣的收穫往往才最豐厚。年輕的你不必害怕被利用，相反地，你應該趁機表現自己的使用價值，增加你的曝光率，才能展現你的不凡，屆時成功便唾手可得了。

嘗試是創意之母

缺乏嘗試的創意將淪為空談，透過大膽嘗試，你才能在實踐中修正自己的想法，讓夢想變成現實。

「創意是什麼？」

有人說，創意是「令人意想不到的點子」，也有人說創意是「顛覆常理、不按牌理出牌的處世態度」，但若套用在工作中，我認爲創意是「以最少的成本，創造最大的經濟效益」。

某次，美國探索頻道的某個攝影小組找到一位柿農，表示要買下他們栽種的柿子。於是柿農找來許多同伴，自己用彎鉤的長竿將柿子勾下來，同伴則在樹下以蒲團接住柿子，一勾一接，合作無間。不一會兒，所有的柿子就在柿農們談笑風生、唱歌助興中收成完畢，而來訪的攝影小組們則將這些有趣的場景全程錄影。

臨走的時候，攝影小組付了柿農應得的報酬後，並沒有拿走那些柿子，甚至要柿農們代爲捐贈給附近的育幼院。

柿農十分不解，爲何攝影小組付了錢，卻不要柿子。原來，他們的目的並不是柿子，而是採收、處理柿子的紀錄片，這才是眞正値錢的東西。

農民們忙了一整年所帶來的財富，竟遠遠不及這一段不足二小時的紀錄片。可見，在現代僅僅憑著勞力或技術賺錢是不夠的，你必須學會思考，發揮創意才能爲自己創造財富。

將夢想付諸實行

很多人會說自己沒有創意、沒有創造新事物的能力。其實，創意不一定是創造新事物，它可以只是一個新鮮的想法，一種稍微改良的做法。無論再微不足道的想法，你都應該愼重看待它，有時候成功就蘊藏在這些靈光乍現的點子裡。只要你勤於思考、勇於嘗試，或許有一天就能搬上舞台。

那麼，如何將這些想法付諸實行呢？其實，再好的創意都需要嘗試，在嘗試一件事情之前，不要急著否定自己，只要你的心中出現新鮮的想法，就應該大膽嘗試，否

心靈 Update

✦ 創意是以最少的成本，創造最大的經濟效益。

❤ 創意可以只是一種稍微改良的做法。

則這些想法將永遠只是「想法」，無法化爲現實。

美國摩根財團的創始人摩根（J. P. Morgan）年輕時並不富有，夫妻二人僅靠賣雞蛋維持生計。但聰明的摩根善於觀察與思考，他發現同樣一批雞蛋若是自己去賣，通常乏人問津，但換成妻子賣，卻總是造成搶購。

原來是因爲他的妻子身材嬌小，雞蛋放在她掌中，常會因爲視覺錯覺而看起來變大了。發現這個祕密後，摩根立即改變自己賣雞蛋的方式：他用淺而小的托盤盛雞蛋，讓他的雞蛋和其他蛋農的蛋比起來，個個顯得大得多了。

起初其他蛋農都認爲摩根簡直是異想天開，況且花錢大量購置單價比雞蛋還高的盤子，實在是愚不可及。但是摩根完全不以爲意，仍然決定放手一搏。

果然，摩根的雞蛋換了托盤後，銷售狀況馬上好轉，甚至超越其他蛋農的銷量，雖然日後其他蛋農紛紛跟進替換小托盤，但摩根的雞蛋品質已經有口皆碑，使他的農場立於不敗之地。而這些賣蛋所得的收入，就成爲摩根日後創業的基金。

由摩根的創業史可知，創意固然是出奇致勝的核心，但若缺乏勇於嘗試的精神，一切將淪爲空談。

只有善於思考，大膽將自己的想法化爲現實的人，才有成功的可能。也許你的想法並不是那麼完善，不是那麼成熟，但小心行事、大膽嘗試又何妨？許多想法都是在實踐中漸漸修正成型的，無論你的創意多麼天馬行空或光怪陸離，只有透過嘗試，你才能確定它們可行性，才有機會向世人證明你的想法並非空中樓閣，而是眞正有建樹的提議。

十二星座的原生天賦

★白羊座（3／21～4／19）

天生具有開拓性的白羊座，面對眼前的難關，或尚未涉足的領域，總是帶著滿腔的熱血，勇於挑戰一切不可能的任務。當別人還在評估可行性的同時，白羊座就已經把袖子挽起來做了。如果能多注意三分鐘熱度，或顧頭不顧尾的毛病，多培養耐性，就能不斷達成自己的階段性目標，勇闖人生的高峰。

★金牛座（4／20～5／20）

金牛座的天賦是實際，也是十二星座中最懂得把無形的金額化爲有形財富的星座，不論是考各種證照（以取得更高的底薪），或是存下自己的第一桶金（作爲自己其他夢想實現的資本），他們都會將自己的各種資產以最低風險的方式慢慢地提升，優雅穩健地完成生命的目標。

★雙子座（5／21～6／21）

雙子的天賦是觸類旁通、舉一反三，別人需要花一年時間才能學會的技能，雙子座可能不用三個月就能做得有模有樣，特別是語言方面的天賦，所以常常會讓主管、長輩覺得他反應快，自然而然就當成自己最得力的小幫手，所以他們升遷的能見度也很高，只要多增加自己的人脈資源，往往可以事半功倍地獲得想要的生活。

★巨蟹座（6／22～7／22）

巨蟹座的天賦是感受得到他人細膩的情緒轉折，所以在團體中就像成熟的大哥哥、大姐姐關心著每個人的感受，用知性與感性的言語帶領大家成長。只要能多開拓自己的眼界，不耽溺於情感的付出與收穫，就能善用感性的創造力，爲自己創造出圍繞著愛的光環的幸福生活。

★獅子座（7／23～8／22）

獅子座的天賦就是群眾魅力。亮眼的獅子座在人群中就像一顆閃耀之星，特有的藝術才華常常讓他輕易地贏得人生舞台，也因爲獅子座的群眾魅力，所以其他人自然而然會跟隨他的腳步，只要不過於自負而封閉眼界，成爲各個領域的明日之星將是指日可待之事！

★處女座（8／23～9／22）

處女座的天賦就是學習力。處女座通常把人生當成一門無窮盡的學問，從中領悟、學習成長。所以他們擁有智慧的學者力量，擅於研究學問，或分析各種事物，也擅於將原本的法則加以精進，或從中挑出邏輯、流程上不合理的地方，這就是處女座無人取代的力量，也讓他常常備受尊重，甚至受人景仰。

★天秤座（9／23～10／23）

天秤座的天賦是溝通與協調的能力，因爲懂得爲他人設身處地的特質，讓他們往往能夠在最短的時間之內，與別人建立一段深厚的關係，並能從付出與回饋的人際交往中，得到豐沛的資源，他很善於當朋友的貴人，他的朋友也樂於爲他牽線，所以他的才華往往更早獲得展現的機會。

★天蠍座（10／24～11／22）

天蠍座的天賦是犀利的直覺與敏銳的眼光。他們常常從一般的事物中嗅出別人察覺不出的特質或趨勢。這些不知其所以然的天賦，往往為他們率先取得先機，而大撈一筆，所以容易成為金融家或財務專家。此外，天蠍座還擅長洞悉人心，因為他們非常會觀察一些蛛絲馬跡。所以當你聽到別人的「場面話」時，天蠍座就能聽見他的「真心話」（因為他們也常常用這招對付別人），所以如果能成為心理專家、偵探等，也很符合他們的天性並樂此不疲。

★射手座（11／23～12／21）

射手座的天賦是交流的力量。射手座的人心胸寬廣，往往可以和各種人談得來，所以無止盡的學習與旅遊，也讓他們交到更多的朋友，也無形地拓展了眼界。他們的使命就是不斷地拓展人生的領域，並從中建立自己人生哲學，這些無價的人生觀與經驗談往往是幫助一個人快速成熟與成功的絕佳關鍵。

★摩羯座（12／22～1／19）

摩羯座的天賦是懂得耕耘。摩羯座往往是一家公司從無到有、勞苦功高的老臣，最後可能從學徒變成師傅，或從工讀生變成總經理，這一切都歸功於他刻苦耐勞、懂得默默耕耘的本性。當別人縱情娛樂時，他腦中所想的是如何能出人頭地，以及學習成功的法則，所以自然而然就能躍於人中之龍的地位。

★水瓶座（1／20～2／18）

水瓶座的天賦是革新。水瓶座如果能善加利用自己反骨的本性，就能顛覆舊觀念，創造新的風潮。雖然他們的想法看起來天馬行空，實際上卻是他們經過不斷深思熟略的結果，所以也敢於做人所不能做、想人所不敢想，成爲異軍突起的成功者。

★雙魚座（2／19～3／20）

雙魚座的天賦是撫慰人心。多愁善感的雙魚座，如果能利用他們豐富的感知力，將自己的敏感轉化爲直指人心的體貼，並利用各種藝術、文字的表現感動他人，就能將愛轉化爲慰藉周遭孤單的力量，讓追隨他們的人就像信奉一種宗教般不可自拔。

眼前的關卡很難嗎？

別擔心，再難纏的大魔王總有破解的方法，

只要抱持著「吃苦當吃補」的心態，

用學習取代逃避，就能化磨難爲經驗值，

成熟與否的關鍵，往往只有一念之差。

Y o u r s e l f

Chapter 2

磨出關鍵力，
讓每一個關卡成爲升級的跳板。

Live to be

判斷力：選擇你想要的人生

提升判斷力，才能讓你的人生往更美好的方向發展，減少未來的遺憾。

人的一生是不斷選擇的結果，因此判斷力對於一個人的人生有著決定性影響。如果能根據自己目前的狀況選擇對你最有利的生活，你才可能活得愈來愈快樂；如果能夠根據自己對未來形勢的判斷，選擇自己的職業與人生道路，一個人才可能越來越接近成功。

從前的判斷和選擇造成了今日的生命格局，而今日的判斷和選擇則會造就你未來的生活。很多人往往會後悔地說「如果我當初選擇了……，我現在就不會這樣了。」但是，再多的「如果」也換不回時間，把握當下和學會做出正確的判斷才是最重要的。

將眼光放在長遠的未來

微軟（Microsoft）創辦人比爾・蓋茲（Bill Gates）就是一個具有精準判斷力、又有長遠眼光的人。

比爾・蓋茲從學生時代接觸到電腦時，就敏銳地意識到將來的世界，每個家庭至少會擁有一台個人電腦，未來的電腦會像家用電器一樣普及。因此，他把自己的公司稱爲「微軟」，意思是該公司所設計的軟體是專爲微型電腦（個人電腦）使用的軟體。

由此可知，他在創業之初就把目光放在「爲家用電腦設計軟體」這個選擇上。而由四十多年後的今日看來，比爾・蓋茲的眼光的確無比精準，也造就了他的成功。

其實，這樣的眼光並非與生俱來，因爲判斷力本身並不神祕。世上的每件事情都是環環相扣、不斷相互影響的結果，前因牽引著後果，而後果又影響前因，就像電影《蝴蝶效應》所詮釋的一樣。如果我們能在事情發生的第一時間就聯想到可能產生的後果，那麼我們的判斷力就會漸趨正確。

心靈Update

✦ 從前的判斷造就今日的格局，現在則造就未來的生活。
❤ 再多的「如果」也不可能時光倒流，把握當下最重要。

練習你的判斷力

判斷力準確與否對於一個人的未來發展至關重要，其實，你也可以和比爾．蓋茲一樣擁有準確的判斷力，只要你能掌握以下幾點：

1. 認識自己

唯有深入了解自己的優缺點與興趣等，你才能了解自己適合在哪個行業發展？做出什麼樣的決定才對自己最有利？自己能夠在這樣的形勢中扮演何種角色？認清自己的好惡與專長，才能減少後悔。

2. 熟悉自己的專業領域

一個人只有對自己所處的專業領域有一定的熟悉程度，才可能有敏銳的眼光與準確的判斷力。當你面臨人生的選擇題時，你必須對所選擇的項目充分瞭解，才可能做出對自己最有利的選擇。所以面臨選擇的時候，你必須多方蒐集資訊或聽取他人建議，了解得越多，你就會越清醒，做出越正確的判斷。

3. 勿短視近利，留意事物的發展方向

短視近利的人容易被眼前的蠅頭小利迷惑，你必須站得高一些、望得遠一些，才能綜觀全局。只要能統籌事物發展的大方向，才不至於以偏蓋全、被暫時的假象蒙蔽。

4. 從小事鍛鍊自己的判斷力

在日常生活中，我們就應該針對某些趨勢性事務練習預測與分析能力，並且觀察事情是否按照自己的預期發展，隨時檢討預測正確或錯誤的原因。

只要透過不斷練習，你的判斷力將逐漸提高，日後遇到人生岔路時，方能根據自己多年的經驗做出正確判斷，選擇對你最有利的形勢。

人生就是一連串果斷而明快的選擇，想要讓自己的未來更加鮮明，就要不斷提升選擇的正確率，人生就會往自己想要的方向前進。

競爭力：強化天賦，追求進步

從各方面檢核自己的天賦，就能找出自己的核心競爭力，讓你立於不敗之地。

競爭力來自於一個人的勤奮程度、危機意識、好奇心與定力，缺乏其中任何一項，即使你的能力再強，都容易被時間淘汰，因爲你缺乏進步的決心與動力。在這個競爭激烈的社會，一個人的競爭力往往就決定了他在社會上的位置。

你或許會問：「如何加強競爭力呢？」

其實，提升競爭力的方法因人而異，因爲每個人都有不同的特長，你必須找出自己的天賦，並且持續地強化，才能塑造自己無可取代的核心競爭力。

不過對於自己的優勢或劣勢，人們常會受到自己的盲點而蒙蔽，往往經過他人的提醒，我們才能眞正地認識自己。

因此，你可以徵求你的親友的意見，以更客

觀的角度挖出自己的天賦異稟。

自我檢核競爭力

除了親友的評價，透過下列幾個面向的自我檢核，也有助於你找出自己的核心競爭力與適合的發展方向。

1. 學習力

學歷代表過去，而學習力代表將來，如果你的學歷不如人，只要增強學習能力，就能迎頭趕上其他人。一個學習力強的人能夠以冷靜的頭腦快速接收和處理訊息，他們適應新事物的能力也很快，因此這樣的人適合進入瞬息萬變的資訊產業發展。

2. 創造力

有的人天生就有創意，能夠整合所有趣味橫生的想法，創造出新事物。如果你對周遭事物總有新奇的想法、新穎的觀點，或者鬼點子特別多，你就是一個富有創造力的人，適合在廣告業等設計產業生存。

心靈 Update

✦ 人們往往必須經過他人提醒，才能真正地認識自己。
❤ 學歷代表你的過去，而學習力代表你的將來。

3、分析推理能力

如果接到燙手山芋時，你總能在最短的時間內，以冷靜而正確的思考整理出最佳的應對方法，代表你是一個思維嚴謹，分析推理能力和邏輯能力強的人，適合在數學、物理、化學等自然科學方面發展。

4.影響力

一個人對外界的影響力取決於他的自信、挑戰精神及社會責任感。

有些人天生就具有領袖特質，他們能夠透過自己的氣質與個人魅力獲得人們的認同和敬畏，進而對他人的思想和行爲產生影響。如果你是具有影響力的人，你可以考慮從政或爭取團體領導人的職位。

5.EQ

在現代，人際溝通能力與自我情緒控管能力被認爲是比智商更重要的能力，因爲它能決定你的人脈與外在資源。

如果你善於與人交往，擁有絕佳的人緣，那麼你可以考慮擔任與「人」有關的職務，如人事、服務業等。

了解自己的優勢後，你應該強化優勢，並且在該領域保持更強的競爭力。維持競爭力的方法有很多種，除了勤奮努力以外，保持好奇心和危機意識也是不可忽視的一環。因爲好奇心能驅使我們探索更多解決事情的方法，讓人們對新事物保持最敏銳的知覺；而危機意識則能讓我們保持警覺性，居安思危才能在遭遇突發狀況時應對自如。

人人都有與生俱來的天賦，但取決於你是否能夠早日看清自己。試著強化原本的優勢，並謙虛地接受別人對你的建言，以改進自己的弱勢，你的核心競爭力就會在不間斷地磨練中，讓你從人群中脫穎而出，當你不再看扁自己，別人也不敢再小看你！

溝通力：傾聽、理解與表達

強化溝通能力就是強化自己的人際關係，讓你行事左右逢源、事半功倍。

溝通力是與他人合作或交流的基礎，一個人擁有良好溝通力的人，不僅能正確表達自己的意見，也能清楚了解他人的意願，並滿足雙方的需求。

而溝通能力薄弱的人不僅無法完整表達自己內心所想，更無法理解他人言談的主旨，最終往往出現「雞同鴨講」的尷尬局面，甚至造成不必要的誤會，影響雙方的信任與情誼，也讓自己被貼上一個「難溝通」的標籤，影響到其他的人際關係。

有效溝通的三要素

其實，達成有效的溝通並不難，只要你能把握溝通的三要素，就能成爲一語中的溝通達人。

1. 以正確的語言表達

在溝通的過程中，正確而精準的措詞是表情達意的基礎，如果溝通方式不正確或你的用字遣詞含混模糊，雙方就會像兩個不同國籍的人使用自己的母語對談，即便交談的兩人多麼細心解說，仍然是白費力氣。所以，說話者必須以聽者能夠理解的方式發言。

幾天前，我到某連鎖電子專賣店買冷氣，店員口沫橫飛地一一介紹各廠牌與型號的冷氣：這是銅管的，那是鋁管的，這台雖然貴但是變頻的……。其實，我並不懂得鋁管和銅管有什麼分別，也不懂得變頻有什麼好處，所以三十分鐘後，我仍然無法決定該買哪一台好，我只好直接告訴店員：「我的房間大約十坪，希望購買省電、耐用的中等價位的冷氣。」店員明白我的需求後，立刻介紹某一款分離式冷氣，我們很快地達成了共識。

這位店員一開始犯的錯誤，就是沒有用對方理解的語言說話。對於一般消費者而言，他們關心的是造成商品間價差的原因、商品的性能與實用性，至於商品的材料、內部構造與運作原理等並不重要，一味運用大量「術語」展現自己的專業度，只會讓消費者失去耐心。

2.理解對方的意圖

溝通時最忌諱「自說自話」，因此你必須根據對方說話的內容、語氣與表情推敲他的眞正意圖與需求。

因爲不同的立場與背景的人，也許會對同一句話產生不同的理解，例如：會議時，老闆對員工說：「這個月公司的績效大大地退步。」實際上是指：「你們應該更努力。」但員工們卻可能解釋爲：「這個月獎金沒了，薪水該不會縮水了吧？」

因此，聽別人發表意見時，你必須站在對方立場詮釋，才不會產生「說者無心，聽者有意」的誤解。

3.了解他人需求

了解他人的需求並不容易，因爲當人們有求於人時，通常會以委婉而迂迴的話語包裝，而使自己的需求變得模糊而難解。因此，你必須試著換位思考，設身處地才能正確地滿足對方的需要。

很久很久以前，在某個遙遠的國度，國王最疼愛的小公主病了，奄奄一息的小公

心靈 Update

- ✦ 溝通時最忌諱自說自話，你必須認真地傾聽對方的意圖。
- ❤ 有效溝通，就是說對方想聽的話，聽對方想說的話。

主告訴國王，如果她能擁有月亮，病就會痊癒。聽到了公主的願望，國王立刻召集全國的能人與智者，要他們想辦法摘下月亮送給公主。

科學家說：「月亮遠在三萬里外，又圓又平像個錢幣，有半個王國大，還被牢牢黏在天上，不可能有人能拿下它。」

就在全國上下都心急如焚時，一位常常陪伴小公主的小丑聽說此事，就到公主房裡探望她，並順口問公主心目中對月亮的印象。公主回答：「月亮大概比我的拇指指甲要小一點，比樹梢還要矮，是用黃金做成的。」

天上的月亮當然不可能摘得下來，但若是要拿出比拇指指甲還要小、比樹還要矮，用黃金做成的月亮當然容易得多啦！小丑立刻將此事告訴國王，國王立即找金匠打造了個小月亮、穿上金鏈子，給公主當項鏈，公主收到夢寐以求的小月亮開心極了，過幾天病就痊癒了。

就像故事中的國王和科學家一樣，人們常常忽略說話者的眞實需求，而完全按照自己的意願行事，費了九牛二虎之力後，才發現與對方的想法背道而馳。爲了避免「做白工」，當上司或他人交代你某項任務時，你應該重複確認對方的要求，用事前的溝通減少時間與心力的浪費。

如果想要提昇自己的溝通技巧，達到愉快而有效的溝通，就要說對方想聽的話，聽對方想說的話。你可以透過讚美、認同、詢問等方式弄清楚聽者的意圖與他感興趣的話題。再將他心中所想、所感興趣的事情說出來，對方馬上就會覺得：「你也太了解我了吧！」自然就拉近了你們之間的距離，也更容易達到你的目的，其實你只是偷用了一點溝通的小技巧而已。

能夠有效地溝通，就能節省許多時間和精力，避免不必要的誤會。此外，溝通力也能夠節約許多成本，並爲你在朋友圈中建立龐大的資訊管道，聰明的你只要精進溝通力，就能讓自己左右逢源、事半功倍。

專注力：
平心靜氣，專心致志

專注力具有神祕的力量，它能召喚全宇宙的能量幫你達成目標。

專注，是成功的重要基礎之一。一個人如果沒有專心致志地做過某件事、沒有全心全意為自己心中的理想努力過，他的人生將會留下不可填補的缺憾。

俗話說：「精誠所至，金石為開。」在某些領域，只要你能維持十足的專注力，就算失敗了也不輕易放棄，就沒有任何事能眞正地難倒你。

專注是召喚成功的咒語

大多數人不容易成功的原因，就在於他們的心中存在太多雜念。人們想得到的往往太多，但付出的卻又過少，當別人做同樣多的事卻和自己領同樣的薪水時，我們就想做更少的事，得到同樣的報酬；當別人和自己做同樣多的事，卻得到比我們高的報酬時，我們就設法爭取更高的報酬，甚至乾脆跳槽。

於是，人的一生中就把精力浪費在患得患失、斤斤計較上，卻從未用心工作與生活，所以不但不容易獲得成功，也無法得到快樂。

其實，世界上的痛苦往往來自於比較，越在乎他人的眼光，你就越無法專注於自己的幸福。眞正的快樂並非在享樂中表現，而是在追尋與實踐夢想的汗水中才能體會。只有關注自己的成就與需求，才能品嘗到生命的甜美與酸楚。

保羅．柯賀爾（Paulo Coelho）的世界名著《牧羊少年奇幻之旅》中有句名言：「當你眞心渴望某樣東西時，整個宇宙都會聯合起來幫助你完成。」可說是專注力的最佳註解。

其實早在十九世紀中期，德國化學家凱庫勒（Friedrich Kekule）就已爲世人印證專注力的神奇力量。

十九世紀時，科學家們發現「苯」屬於不飽和狀態，但其化學性質卻又非常穩定，這樣的存在方式與當時的科學理論互相矛盾，於是科學家們紛紛預測苯有著與其他不飽和有機物不同的結構，但這個結構式究竟呈現什麼樣子？卻沒有人能解釋。

凱庫勒對此也百思不得其解，對於化學元素的狂熱讓他無時無刻不思索這個問題，就連吃飯與睡眠也不停思考。

某天晚上凱庫勒坐馬車回家，連日的腦力耗費讓他昏昏欲睡。就在半夢半醒之間，他忽然看到碳鏈似乎活了起來，它們變成一條蛇在他眼前不斷翻騰，突然這條蛇咬住了自己的尾巴，形成了一個首尾相連的環……。

凱庫勒猛然驚醒，立刻在紙上將苯的化學結構以六角形環狀的方式畫下，苯的特殊結構終於眞實地呈現在世人面前。一八六五年，凱庫勒發表了有關苯的環狀結構論文，解決了化學上的難題，也展示了一個人處於高度專注力的情況下，他的願望往往更容易達成。

除去讓自己分心的事物

那麼怎樣才能加強專注力呢？其實每個人的專心程度不盡相同，有的人在思考時能渾然忘我，甚至忘記了飲食與睡眠；但有的人卻不容易集中注意力，連三分鐘都無法聚精會神。因此加強專注力的方法因人而異，最重要的關鍵，是除去讓自己分心的

心靈Update

✦ 如果你沒有全心全意為理想努力過，人生將留下缺憾。

❤ 當你真心渴望某樣東西，整個宇宙都會幫助你完成。

事物，具體的作法，可以參考以下：

1. 清空雜物

當你決定做某件事的時候，請將與此無關的東西全數清除。例如：當你利用電腦Office系統工作時，記得將寬頻或是網路連結關閉，如此一來才能避免網路遊戲、聊天室或電子新聞的誘惑。此外，在開始工作前，你可以將所需的資料事先儲存在電腦硬碟裡，一旦需要時就可以輕易開啟，而不必上網，否則將會打斷工作思緒。

2. 清除雜念

在做事之前，你必須將心中的浮光掠影暫時拋開。很多時候，你內心的雜念將會不斷騷擾自己，一邊工作一邊想著：「快中午了，休息一會兒吧！」或腦海中不斷回想看到一半的小說、昨天偶像劇的劇情等，各種氣憤、悲傷、煩惱或喜悅等情緒盤旋不去，將會大大降低你的工作效率。

因此，在展開工作前，你可以試著閉眼冥想三分鐘，沉澱心靈、將內心的雜念清除，然後平心靜氣地安心做事。

3.妥善分配工作與休息時間

在做某件事之前，你應該事先完成會中斷工作的事，如喝水、上廁所等，清理心中的其他雜念後，才能迫使自己集中精神處理正事。

此外，要讓自己心無旁騖地工作，除了規劃工作進度外，安排休息時間也十分重要。一味地埋頭苦幹不眠不休，只會讓身體及大腦處於極端疲憊的狀態，不僅傷身，也缺乏效率。因此，你應該適當穿插休息時間，適時舒緩身體與心靈。工作時全力以赴，休閒時盡心玩樂，才能讓生活張弛有度，才能從忙碌中提取快樂。

從環境、心靈及工作計劃三方面訓練自己的專注力，久而久之你會發現自己更快進入工作狀況，也更容易聚精會神了。當你學會專心致志地做事，就能大大提升你的自信心與成就感，夢想就近在眼前。

模仿力：模仿是創新的開始

加入自己的創意，創造出比原作更具競爭力的事物，你的模仿就具有個人特色。

成功雖然無法複製，但成功的途徑卻可以遵循，因此，如果你能從成功者的奮鬥歷程找尋規則並加以模仿，終有一天你也能晉升爲成功者的一員。

在平常與人相處時，你應該就要多注意他人的長處，並且努力吸收自己缺乏的部分，讓自己去蕪存菁，就能快速成長。

模仿比創新更有利

美國俄亥俄州立大學商學院的教授歐迪德．先卡（Oded Shenkar）曾在《哈佛商業評論》中發表一篇名爲《模仿比創新更有價值》的文章。

文中他提到：「複製別人的構想是一件好事，有時還會成爲一件了不起的事。事實上，創新的價值中，近百分之九十八不是由創新者獲得，而是由受到忽略與鄙視的模仿者獲得。因爲優秀的模仿者會積極尋找值得複製的點子，他們不僅複製構想，還會想出更便宜或者更好的產品……。」模仿其實就是找一個學習的榜樣，從中吸取他的精華，再消化成自己的東西。

所以，「模仿」並不是一種抄襲，也不是跟風，而是透過學習他人的過程，讓自己也獲得成長，只要不侵犯他人的權益，複製別人的成功模式，你也有機會比他更成功。

由許多知名諧星組成的節目《全民最大黨》亦爲模仿力的最佳表率。該節目以模仿熱門的話題人物爲主軸，爲許多模仿功力深厚的資深藝人與後生晚輩創造了許多表演機會。仔細觀察後你會發現，這些表演者看似輕鬆的模仿中，其實蘊藏了深入而細微的觀察與揣摩，他們甚至能宣揚模仿對象的個人特色與思想，甚至發掘連當事人自己都沒有發現的口頭禪或言行中的特殊習慣。

可見，模仿並非消極地複製，而是積極地從既有的成功中改良出創新的事物，並且重新賦予它新的靈魂或特色。

心靈 Update

✦ 成功雖然無法複製，但成功的途徑卻可以遵循。
❤ 看似輕鬆的模仿中，其實蘊藏深入而細微的觀察與揣摩。

模仿必須不恥下問

其實不僅僅在商業競爭上，即便在要求創新的文學領域，也往往出現「後出轉精」的模仿作品，最著名的例子是初唐四傑之一王勃所作的詩：「落霞與孤鶩齊飛，秋水共長天一色。」這就模仿自庾信的「落花與芝蓋齊飛，楊柳共春旗一色。」但王勃的句子卻比庾信更廣為流傳、更令人稱道。

俗語說：「熟讀唐詩三百首，不會作詩也會吟」，正是勉勵人們在前人的創作基礎上進行學習與革新。

因此，在追尋理想的過程中，你不該排斥或輕視模仿力，能夠將他人的成功複製的唯妙唯肖，並以此為基礎思考創新，才能讓你在穩定的基礎上精益求精。

而且模仿與複製並不如想像中簡單，就如同每個人依照食譜做菜，同樣的食材、作法與廚具，仍然可能烹調出口味完全不同的料理。因此，在模仿的同時，你必須投入自主思考的能力，甚至請有經驗的前輩傳授竅門。

模仿別人的好處在於將已經存在的經驗與技巧直接轉化為自己的財富，減少你的摸索時間與試驗歷程，但「經驗」有時只能意會不能言傳，因此你必須不恥下問，虛心向前人求教，才是實踐模仿力的眞諦。

善於利用資源的人往往懂得為自己打造通往目標的捷徑，而模仿就是一條快捷的道路。就算僅僅是外表和動作上的模仿，也會在日積月累的重複後為你提升形象魅力，而這樣的魅力最終也將深植你內心，進而改變你的思想，影響你的氣質，讓你走向卓越。

因此，你不該輕忽模仿力，反而應該以此為基礎，一方面鞏固自己的實力，一方面思考突破自己的方法，才能讓自己不斷進化。別忘了，當你站在巨人的肩膀上看世界，才能超越自己原本的視野高度，看得比別人更高、更遠。

執行力：坐而言不如起而行

相較於「紙上談兵」的計劃與決策，將想法化為現實的「執行」其實更為重要。

眾所皆知，要完成一件事最重要的三個步驟就是計劃、決策與執行。許多人往往認爲前二者是事情成敗的關鍵，因此重視計劃與決策而輕視執行。其實，前兩個步驟只是「紙上談兵」，眞正化空談爲現實，還是必須依靠最後一個步驟，因此「執行力」並不容小覷。

無論你擁有多少智慧、多少創意和管理能力，一旦缺乏「執行」，就無法展現眞實的才華——因爲沒有成效的企劃案，充其量只是一疊廢紙。

一個人的執行力決定了他是否能升遷、加薪，是否能擔任管理階級，因爲企業主管評價員工績效的標準，在於你爲公司創造多少「實質」的營收效益，而非你有多少怪點子。因此若想成功，你必須精進自己的執行力。

那麼執行力到底是什麼呢？所謂執行力就是「貫徹戰略」，也就是完成預定目標的操作能力。它是把任務戰略及規劃轉化爲效益與成果的關鍵，簡單地說，執行力就是把想法變成行動，把行動變成結果的能力。

雷厲風行，勇往直前

一個人若空有想法卻無法實現，那麼再好的想法也只是空談。例如在政治開放的台灣，諸多政論節目讓許多「名嘴」聲名大噪，也許有人會好奇地問：「這些名嘴討論起政治議題總是頭頭是道、一針見血，爲什麼他們不考慮從政呢？」答案也許就在於他們雖然消息靈通，而且能夠口若懸河地針砭時政，卻缺乏執行力，因此只適合「爲民喉舌」，而無法成爲眞正的人民公僕。

中國歷史上最有執行力的政治人物是戰國時期的商鞅，他運用法家的理論改革秦國民政，讓秦國從一個貧弱的國家，搖身一變成爲富足強盛的泱泱大國，史稱「商鞅變法」，而他成功的關鍵就在於雷厲風行的執行力。

心靈Update

- 把想法變成行動，把行動變成結果。
- 甲路不通就繞道乙路而行，終究能到達夢想中的彼岸。

根據史籍記載，商鞅變法前曾在國都市集的南門外豎起一根三尺高的木樁，並召告全國：誰能把這根木樁搬到市集的北門，就賞賜五十兩黃金。

五十兩黃金對當時的平民百姓而言就像是中樂透一樣，而將一根三尺木樁從南門移至北門卻不是一件很難的事，因此秦國人見了告示紛紛不當一回事，他們多半將商鞅的政策當成玩笑在市集間流傳。

但幾天後，有個壯漢在好奇心驅使下，將木樁搬到了北門，沒想到商鞅見狀後立刻命令士兵賜給他五十兩黃金，以展現他重諾守信的豪氣。

這項消息很快在鄉野間傳開，人民從此對商鞅的政令更加信服。正因爲取得人民的信賴，商鞅的新法才能風行草偃地順利推動，使秦國愈來愈強盛，爲日後秦始皇統一中國打下了堅實的基礎，這也是「徙木立信」的典故由來。

一試再試，鍥而不捨

在一個企業中，決策雖然很重要，但如果不能妥善推行，或者執行效果總是被打折扣，那麼再周延的策劃都會功虧一簣。同樣地，一個人若想成功，就必須將內心想法化爲具體計劃，並且竭力實踐。

在實踐計劃的過程中，你一定會遇到大大小小的阻礙，但是你必須努力不輟：A方案不可行，就試試B計劃；甲路不通，就繞道乙路而行。只要不斷尋找方法，一試再試終究能到達夢想中的彼岸。

把想法變成行動甚至化爲實際成果，是一種非凡的能力。做而言不如起而行，你應該培養自己的執行力，培養鍥而不捨的決心，才能實踐自己人生眞正的價值，**Just do it!**

演說力：動之以情，提升群眾魅力

人人都應該精進自己的演說力，透過演說全面展現個人魅力。

相較於西方人，東方人的生性含蓄而內斂，因此從小我們就被教育「樸實無華」、「不自誇，不居功」，所以長久以來中國人都奉行「多聽、多做、少說」的原則，因而諸如「表達意見」、「演說」的能力便被忽略了。

其實演說能力，是最快展示出個人優勢的能力。因爲一個只會做事，不會說話的人，或許人家會覺得他很老實，但他的才能也必須經過時間的證明，才能逐漸被發現，但有時候，我們不一定能夠等到那個機會，除非，我們先表達出自己有此才能。

從教育提升演說力

在歐美國家中，「演說」是教育中十分重要

的一環，有人甚至以「演講」爲自己的職業。例如目前美國電視節目中最具知名度的主持人，大多都是以主持脫口秀而聞名。而美國總統歐巴馬（Barack Obama）更是一位以演說力見長的政治人物，他在二○○八年競選期間以「Yes, we can.」爲口號的競選演說，就成爲打敗其他候選人，一舉扭轉民調的關鍵。不僅如此，他的勝選演說更被譽爲繼金恩博士的知名演講《I have a dream.》之後，最撼動人心的演說。

東、西方家庭教育理念的差異，還可以從以下事例窺見一斑：當孩子放學回家後，台灣的父母迎接孩子的第一句話，通常是：「今天有沒有乖乖聽老師的話？」但猶太人詢問孩子的第一句話，卻是：「今天問了老師幾個問題？」

據說，猶太人教育孩子時，特別強調當眾發表意見的演說力，因爲發問不僅迫使孩子思考，也能壯大他們的勇氣。也許這正是他們被譽爲「世界最聰明的人種」的原因。

所幸近年來在開放教育的體制下，台灣教育界越來越重視學生的演說力，其中最顯著的就是增加「簡報」的報告方式。

現在學生的作業通常以「口頭報告」的形式呈現，相較於過往的書面作業，口頭報告雖然無須長篇累牘，但卻要花更多心力在事前準備和資料蒐集上。不僅如此，即便事前你已反覆練習，若台下的聽眾對你的報告主題興趣缺缺，或突然有人心血來潮提出你無法回答的問題，都有可能讓你的表現大打折扣。

生性害羞的你或許曾埋怨老師為何老是規定以口頭報告打分數，讓不擅長演說的你出盡洋相。其實，這是爲了早一步培養你的表達力。

無論將來你從事何種行業，都不免面臨「當眾演說」的時機——教師必須對著全班學生講課、業務人員必須在會議中報告業務概況，就連看似獨立作業的修路工也必須大聲疾呼，指導路人與行車遵循方向。

大部分的大學生畢業後就會立即投入職場，從面試到就業，他們需要演講的場合隨處可見，因此老師們才會用心良苦地爲學生安排一場又一場的「震撼教育」。

全面展現自我

其實，演講不僅能鍛鍊一個人的口才，還能展示他各方面的能力，如穩健的台風代表一個人的自信，循序漸進、有條不紊的言談內容則能展現演講者的邏輯思維能

心靈 Update

✦ 從面試到就業，我們需要演講的場合隨處可見。
❤ 成功的演說能在短時間內展現才華，並讓他人更了解你。

力，此外，配合演說時的表情、語氣及肢體語言，將能展現一個人的個性與氣質——這也就是爲什麼許多企業徵才時，往往重視「面試」，而非千篇一律的書面履歷。擁有演說才華，可以讓你更容易被人看見，並且在他人面前留下深刻印象，爲自己爭取更多脫穎而出的機會。

不僅面試，演說力在會議或提案時也特別重要，因爲在這些時候你除了要向聽眾傳達理念外，還必須引起聽者的共鳴和認同，說服主事者採用你的意見。

由此可知，「演說」也是一種競爭力，當你在公眾場合發表自己的意見、展現你的思想與態度，並成功說服群眾時，你的個人魅力將獲得彰顯，而你的號召力與領導能力也會深植人心。一旦在群眾心中成功塑造良好形象，今後人們對你所說的話將會更加信服，接納度也會更高。

「演說力」可說是一項展現「自我優勢」的機會，一場成功的演說能在短時間內展現你的才華，並且讓他人更了解你。

即使聰明如諸葛亮，若當劉備三顧茅廬時，他未能以《隆中對》漂亮地分析鼎足中原的戰略，也未必能讓關羽、張飛能信服認可。而他於赤壁之戰前在東吳朝上舌戰群儒，更讓孫權立下了戰鬥的決心。如果諸葛亮空有一身神機妙算的功夫，卻無法說服群雄採納他的建言，那麼就算他機關算盡，亦是枉然。如果連中國歷史上最具有謀略、智慧的諸葛亮也需要具備演說的能力，就可見演說力之於一個人的重要性，也是現代人不得不具備的能力。

因此從現在起，你應該訓練自己的演說力，才能宣揚自己的理念與才華，甚至讓貴人「聽見」你的聲音，才有機會施展長才，實踐自己的夢。

行銷力：推銷你自己

成功的行銷不光是推銷商品，而是推銷你自己。

美國著名人際溝通大師卡內基（Dale Carnegie）把自我推銷視爲現代人必備的能力，他曾說：「行銷是一種藝術，人生中第一個必須學會推銷的東西，就是你自己。」

其實，所謂「行銷力」不僅僅是展示自己所賣的產品，也可以成功展示自己的能力。

大部分的人認爲「行銷」不過就是口沫橫飛地推銷產品，但這樣的詮釋過於膚淺。因爲眞正成功的行銷主體並非產品，而是銷售員本身。很多時候，消費者購買某一項產品的原因，一部分來自於對產品的需求，但更多部分卻取決於對銷售員的信服。

讓顧客記得你

打開家裡的儲藏室，你一定會發現許多早已佈滿灰塵的「全新」商品：多功能榨汁機、折衣板、曬被架……。這些東西大多是從電視購物頻道或大賣場買來的。奇怪的是，面對購物專家的使用示範與天花亂墜的說詞，當時的你一定對這些商品的神奇能力大感驚奇，所以才會二話不說就掏錢買下它們。

只是冷靜思考後，你會發現自己砸大錢購買的東西，有八成根本無用武之地。那麼，你爲什麼會失心瘋似地買下這些不實用的產品呢？其實，很多時候吸引你的並非產品本身，而是推銷員的口才。

這並非無稽之談。喬・吉拉德（Joe Girard）曾被譽爲「全球最偉大的銷售員」，他是目前全球單日、單月，甚至單年度汽車銷售總量的金氏世界紀錄保持者。他平均一天可賣六輛汽車，收入比很多企業大老闆都要高。在這位傳奇人物退休前，據說向他購買汽車有時需要等待一、兩個月以上，但人們仍然樂此不疲，因爲他賣的不僅是汽車，還包括了真誠與信賴。

對於行銷，喬有一套獨特的個人見解。他認爲推銷員最重要的事，就是讓所有人記得「你」，以及你所賣的商品。因此他有一個非常特別的習慣，就是喜歡在公眾場合「撒」名片，在餐廳用完餐付帳時，他會將一疊名片加上豐厚小費夾在帳單中；路過公共電話亭他也不忘放置幾張名片。而他最著名的事蹟，就是在熱門球賽的觀眾席上將整袋名片像爆米花一般隨意撒播。

「這的確是個很怪異的舉動，但就因為怪異，人們越會記得我！」喬．吉拉德驕傲地說。

就算在拜訪客戶時他了解這位先生五年後才會買車，或兩年後才可能會有送車給孩子當成年禮的需求，他仍然會三不五時打電話追蹤客戶，一年十二個月更是不間斷地寄出不同花樣設計、上面永遠印有「I like you!」字樣的卡片給所有客戶，最高紀錄曾每月寄出一萬六千封卡片。

不僅如此，在生意成交之後，喬總會將一疊名片及「獵犬計劃」的說明書交給顧客。說明書告訴顧客：如果他介紹別人來買車，成交後每輛車他將會得到二十五美元的酬勞。而此後每年客戶都會收到喬附有獵犬計劃的感謝信，提醒對方他的承諾仍然有效。

心靈 Update

✦ 人生中第一個必須學會推銷的東西，就是你自己。

❤ 唯有讓他人信任自己，他們才會認可你的產品或服務。

「如果我的名字『喬・吉拉德』一年出現在你家十二次！當你想要買車，自然就會想到我！」這就是這位超級銷售員加強顧客對他印象的祕密。

可見最成功的行銷必須從推銷自己開始，唯有讓他人信任自己，他們才會進一步認可你推薦的產品或服務。

行銷不二法門：眞誠與熱情

但是，每個人的推銷能力都不同，有的人能以簡短幾句話就建立別人的信賴感，繼而相信他會滿足自己的需求；而有的人雖然能言善道，卻給人油嘴滑舌的負面觀感，就算他的產品再好，顧客也會因爲對他的印象不佳而拒絕消費；還有人雖然讓人感覺眞誠，但是木訥又不善言辭的性格卻容易給人「不了解產品」的感覺，當然無法刺激客人的購買欲。

究竟要如何提高自己的行銷力，並且在展示產品同時，也積極展示自己呢？

首先是「眞誠」。眞誠的態度是一個人獲得他人認同的首要關鍵。如果某人言談總是閃爍其詞、謊話連篇，那麼眾人對他的品格必定存疑，一個人的誠信尚且有問題，更遑論他所推銷的產品了。

其次是「熱情」，亦即樂衷工作的精神以及對自己所推銷商品的推崇。一個人如果對推銷不感興趣，工作時必然有氣無力，自然也無法感染顧客，讓對方產生「對商品的迫切需要」。因此想要完美地展示商品，你必須先展現自己的熱情與自信，才能激發客人對商品的信心。

有效的行銷力能讓你擁有出乎意料的影響力，並獲得周遭的人之認同，因此你應該熱衷於表現自己，進而讓你成爲受歡迎的人，讓眾人幫助你一起達成夢想。

十二星座最適合的工作領域

★白羊座（3／21～4／19）

白羊座是一個非常懂得表達自我特色的星座，所以適合走比較強調個性或是跟自己的特色相符合的行業。例如：白羊座跟各式各樣的運動競賽都很搭配，也可以從事各種運動產品、運動員相關商品、或是跑車改裝之類的行業。或是一些極需要自我表達能力和自信的行業，比如兼職模特兒、或是肢體藝術表演者等，都會是白羊座比其他星座能夠勝任的強項！

★金牛座（4／20～5／20）

金牛座的人天生對財務擁有不安全感，所以最適合擁有一份固定薪水的工作，所以會計師、公務人員等都非常適合金牛座，另外，金牛座也擁有卓越的鑑賞力，也很適合成爲藝術或時尚產業的設計師，最重要的是，能用這份薪水達成自己的夢想，這就是金牛座人生的目標。

★雙子座（5／21～6／21）

雙子們天生對電子產品有強烈的好奇心和理解能力，讓雙子們在這個E化的時代，輕易就可以在網路世界累積資本。在不景氣時，雙子也是最有能力生產宅經濟的一群人，從線上遊戲、網拍，甚至就在網路上轉賣電子產品或是販售自己的電訊知識或服務，網路世界對雙子來說，眞是處處商機無限啊！

★巨蟹座（6／22～7／22）

巨蟹座常常讓人聯想到家庭與母親般的溫暖。所以他們也很適合朝著與家庭相關的行業。許多媽媽行業或家庭主婦業，像是烹飪、拼布、針織、各式各樣家具飾品之類的產品或是教學，都非常適合巨蟹。另外，飲食相關的行業，如小型特色餐廳、咖啡店、麵包店等。或是一些與房產有關的行業，也都非常適合巨蟹座。

★獅子座（7／23～8／22）

獅子座性格中含有對生命的熱愛、無懈可擊的自信、和對成功的執著，這些藝術家的必要特質都可以被獅子座發揮得很好。無論是寫作、攝影、繪畫、音樂演奏、或是舞蹈戲劇等等，只要有些底子，又有興趣好好研究發揮，獅子們都可以趁著這個空檔，好好地創作一番喔！

★處女座（8／23～9／22）

處女們在職場上是最沒有問題的一個星座，在公司會是勤勞守分際的好員工，也非常適合在一些專業領域上自行獨當一面，例如律師、會計師、醫師、護士等等，這一類的工作都有一些共同的特點，像是非常要求專業知識和必須具備一定的服務熱誠，朝著這個方向走，必定會功成名就喔！

★天秤座（9／23～10／23）

天秤非常適合門面類的工作，他可以當個稱職的公關人員，讓公司在外形象好，自然財源廣進。天秤也適合走唯美派的路線，像是畫廊、藝術品、古董商、珠寶店，或是利用自己的愛美天性來創業，當一個造型設計師、化妝師、芳香療法、Spa館、減肥瘦身顧問等等都可以讓天秤愛美的特質發揮到淋漓盡致。

★天蠍座（10／24～11／22）

天蠍非常適合在一些本質上，就需要嚴肅正經來處理事情的領域發揮，比如說，新聞業、任何需要鐵面無私的批判或公評的行業、宗教或政治性的宣傳人員、執法人員、政府行政人員、檢察官、法官等等。因爲他們冷靜透徹的分析能力，能抽絲剝繭地讓眞相與事實呼之欲出。

★射手座（11／23～12／21）

射手座是一個充滿理想性的星座，所以對於各種人生哲學、與外國相關的領域，都是他們的拿手強項。射手們也很適合擔任導遊、文史類學術研究者、或是老師、教授等等的行業。因爲他們往往能把複雜的哲理用最簡單、最實用的方式傳達。

★摩羯座（12／22～1／19）

摩羯座擁有許多關鍵的特質，像是謹慎規劃、認眞刻苦努力，所以常常能在一家大公司裡面長期地晉升，最終可以做到高階主管的位置。所以摩羯座最適合的工作就是成爲一名管理者，因爲從過往的資歷中，讓他們對所有成本的流程、細節都了解地鉅細靡遺，所以可以輕鬆地掌控一個公司的情況。

★水瓶座（1／20～2／18）

水瓶們多半對人生與社會有不同想法，並不想把一生埋在追逐銅臭味的生活中。如果問問水瓶們對於「事業」的想法，很可能會聽到一些「不太世俗」的答案，讓人非常懷疑水瓶們到底有沒有一般人的正常願望。水瓶們天性的確沒有太多慾望，他們淡泊名利的個性，正好非常適合從事公益慈善事業，也是非常好的理工類科學家和學術界研究者。因爲他們「天外飛來一筆」的思考方式，往往就是研發創新單位不可或缺的 idea。

★雙魚座（2／19～3／20）

雙魚們天生具備浪漫與現實兼顧的個性，讓雙魚們很懂得適者生存的道理，會選擇任何自己能力所及的行業。在工作領域中，雙魚的親和力和銷售能力可以說是打敗天下無敵手，可以把顧客們的荷包掏空於無形，任何需要建立客戶關係與好感的行業，都非常適合雙魚座。

面對任何事，在還沒嘗試之前，

先放下你的好勝心，

重要的不是你贏了誰，

而是你有沒有勇氣不斷地挑戰自己、精進自己，

最後戰勝自己。

Y o u r s e l f

Chapter 3

可以輸給別人，
但絕對不能輸給自己。

Live to be

速度是致勝的要訣

掌握先機才能出奇制勝，你必須讓自己成為出類拔萃的「領頭羊」，而非盲目的追隨者。

美國哈佛大學行爲學家皮魯克斯曾說過一句名言：「先人一步者，總能取得主動，占據有利地位。」意思是一個人想要成功，就必須勇於走在其他人前面，才能早一步掌握先機。

快魚吃慢魚

過去的社會強調「大魚吃小魚」，因此社會資源掌握在大財閥與企業集團手中；但現在的社會已轉變爲「快魚吃慢魚」型態，誰腦筋動得比別人快，誰就能出奇制勝。

因此，你必須培養自己的敏銳觀察力，讓自己能夠察覺社會的脈動與潮流的走向，並且在關鍵時刻放手一搏，才能爲自己贏得決定性的勝利。

也許你會憂慮自己的眼界不夠開闊，無法準確把握趨勢，因此認爲自己無法成爲一條悠游大海的「快魚」。不必擔心！這可以用快速的行動力來補足。

還記得上一章我們曾分析過的「山寨」現象嗎？

許多專營山寨產品的公司並不具有研發能力，但憑藉快速的模仿能力，一款山寨電子產品從無到有，幾乎只需要短短二個月！

憑藉「速度」與相對低價優勢，許多山寨產品的銷量往往超越「正牌」商品，可見速度也是一項不容忽視的優勢。

風險愈高，獲利愈大

當然，身爲領頭羊雖然能擁有更多獲利空間，但也必須承擔更多風險。

風險來臨時，領頭羊必然首當其衝，但一旦時機成熟，你獲得的收益將會是後人的數倍。

股神巴菲特（Warren Edward Buffett）曾說：「眞正適合投資股票的時機，是大多數人還未注意股市動態時。」強調的也是取得先機的重要性。

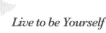

心靈 Update

✦ 在關鍵時刻放手一搏，才能為自己贏得決定性的勝利。

❤ 命運之神總是把最幸運的事，送給第一個跑近他的人。

其實，人生也像投資股票，當一個新興行業剛起步時，往往是朝陽產業，前途一片光明，但因爲市佔率低因此乏人問津；等到發展成熟，眾人都意識到該行業的前景看好時，往往已經錯過獲利高峰，這時跟隨者一窩蜂地投資，最終只會換來毀滅性的災難。而眞正取得利益的人，其實只有少數幾個「先知先覺者」。

爲了成爲這些先知，你必須設法拔得頭籌。

命運之神總是把最幸運的事，降臨在第一個跑近他的人，因此當所有人仍在睡夢中沉睡時，你必須催促自己甦醒，並且安排今日的新計劃，永遠比別人更早進入戰備狀態，迎接所有挑戰。

卓越的成功者無論做任何事，都比別人早一步行動，甚至比別人更早產生不同想法、更早掌握未來的動態、資訊與走向。你必須處心積慮搶佔先機而不落人後，才能比別人更有「錢」途。

所以如果你覺得一個東西很有創意、賣點，或是很想嘗試某件事情的時候，千萬不要再想「我下次再做」，因爲最好的時機是不等人的，或許下次當你開始著手之際，別人已經搶先利用這樣的idea曝光，你原先擁有的時間優勢也消失了。

但從另一個角度來看，如果你能讓自己成爲那個總是想到就「馬上去做」的人，自己率先創造每一次的機會，那麼成爲Somebody的日子也就指日可待了！

寧可敗給別人，也不能輸給自己

一個人最大的敵人往往是自己，持續相信自己能成功，才能跨越人生中最大的障礙。

人的一生中，總會遭遇各種挑戰與難關，面對困難，許多人總是在嘗試前就先放棄，因爲他們認爲自己用盡全力也無法跨越障礙，或者擔心失敗後將會遭來「不自量力」的恥笑。

但是，親愛的，請你問問自己，你眞的盡力了嗎？沒有試過，你又如何確定自己必敗無疑呢？

與其依賴別人，不如相信自己

如果在接受挑戰前，你就已經瞻前顧後，深怕受到眾人的訕笑，那麼你已經輸給自己的心。沒有人能完全地預測自己或別人的未來，因此你唯一要做的，就是堅定自己的信念，別被外界異樣的眼光擊倒。我們可以敗給對手或力量強大的敵人，但千萬不能輸給自己的膽怯心理，更不能向流言的攻擊、向心底的自卑投降。

歷史上的成功人士，多半擁有堅定不移的信念與決心，他們堅信自己的理論不容置疑——無論當時他們相信的眞理，在其他人眼中看起來多麼不可思議——因爲他們的眼光總是看得比凡夫俗子更遠，也正因爲這樣長遠的眼光，才讓他們有了萬古流芳的機會。

蒸汽火車的發明者史蒂文生（George Stephenson）就是一個獨排眾議的先驅者。

一八一四年，史蒂文生根據蒸汽機的原理，研發出世界上第一部蒸汽火車頭。但當時的蒸汽火車外型醜陋又笨重，行駛時總像個大腹便便的怪物，速度既緩慢又吃力。當史蒂文生搭乘構造簡單、震動劇烈且速度緩慢的蒸汽火車，英國的貴族們駕著華麗的馬車呼嘯而過時，總會譏笑他：「你的火車怎麼比馬車還慢呀？」

然而，史蒂文生卻沒有被這些言論所擊敗，他堅信火車的速率總有一天能超越馬車。因此他越挫愈勇，不斷針對蒸汽火車的缺陷進行修正與革新，歷經十一年的努力，他終於在一八二五年九月再次試車。而這次，好事者的馬車被史蒂文生的蒸汽火車遠遠拋在後頭。

如果你也能像史蒂文生一樣無視於他人嘲笑的眼光，堅持自己的理想，總有一天，時代的巨輪將會爲你而轉動。

別讓疑心病打敗你

阿拉伯世界有一句古老的諺語：「一個人往往死在棕櫚樹快出現在地平線上時。」意思就是越接近夢想時，人們的意志力總是越薄弱，信心也開始動搖，最後終將敗給內心的懷疑而前功盡棄。以下的悲劇正是以沙漠爲背景，剛好成爲這句諺語的最佳寫照。

某支軍隊在一次行軍時，突然遭到敵人襲擊。混戰中，有兩位戰士衝出了敵軍的包圍，他們不顧一切地逃跑，最後卻發現他們闖入了一片沙漠。

二人在茫茫無際的沙漠中行走，到了第二天清晨，他們身上僅存的水都喝光了，而其中一位傷勢嚴重的戰士也表示自己再也走不動了。此時，沒受傷的戰士將自己的槍交給了負傷的同伴，並一再叮嚀他：「槍裡還有五顆子彈，我走後，每隔一小時你就對空鳴放一槍。槍聲會指引我前來與你會合。」說完他便獨自動身尋找水源。

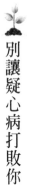

心靈Update

✦ 你盡力了嗎？沒有試過，又如何確定會必敗無疑呢？

❤ 堅持理想，總有一天，時代的巨輪將會為你而轉動。

躺在沙漠中的戰士依照同伴的吩咐，每隔一小時就對空鳴一槍，但他仍然滿腹狐疑：「他能順利找到水源嗎？他聽得到槍聲嗎？他會不會丟下我這個『包袱』獨自離去？」

夜暮降臨了，槍裡只剩下一顆子彈，他確信同伴早已棄他而去，自己只能安靜等待死亡。最後，心灰意冷的他徹底崩潰，將最後一顆子彈送進了自己的太陽穴。

遺憾的是，就在槍聲過後，他的同伴提著滿壺清水，領著一隊駱駝商旅趕來，只找到了一具尚有餘溫的屍體……。

戰士衝出了敵人的槍林彈雨，卻死在自己的槍口下，最主要的原因，就是敗給了不夠堅定的心。

其實，只要不畏懼外在的眼光，朝著自己的目標前進，總有一天能夠抵達，但一個人最大的敵人往往就是自己。

在人生的旅程中，我們往往不怕和他人競爭，卻害怕勞而無獲。我們總擔心自己的堅持換來一場空，害怕自己的判斷失誤，甚至害怕失敗後人們同情的目光，於是選擇了逃避，最終讓自己放棄了成功的機會。

成大事的人必須能忍受旁人的批判或嘲諷，只有坦然接受人們不認同的目光，你才能坦然克服心理煎熬。無論別人如何排斥你，你自己應該接納自己，更愛自己，才能不被自己打敗，也才有成功的一線曙光。

命運掌握在自己的手裡

命運就在自己的手掌心中，因此你必須為自己負責，努力用自己的雙手爭取幸福。

從前，有個大半輩子都碌碌無爲的人爲了弄清楚生命的意義，他到深山的佛寺中拜訪一位老禪師，他問禪師：「大師，眞的有命運嗎？」

「有的。」禪師回答他。

那人又伸出手問道：「禪師，能不能請您幫我看看，我是否命中注定一生貧困呢？」

禪師指著那人掌心的紋路說：「你看，這條橫紋代表愛情，這條斜紋代表事業，而這條豎紋則代表生命和健康。」然後，禪師把他的手慢慢握起來，然後問他：「現在這幾條線在哪裡？」

那人迷惑地回答：「在我手心裡啊！」

禪師微笑著問：「那命運呢？」

此時，這人終於恍然大悟。原來，自己的命運一直掌握在自己手裡。這位老禪師要告訴他的是：求神拜佛、祈求好運，不如靠自己的雙手爭取幸福，因爲沒有人能左右你的人生，命運的走向只掌握在你手中。

靠自己扭轉局勢

上天對每個人都是公平的，他會在不同的人生階段降給每個人不同的災難和幸福，一個人能否逢凶化吉，能否享受幸福，就看他能不能憑著自己的雙手扭轉局勢。

他人的鼓勵、贊同或否定與嘲笑，都不能改變你的命運。唯一能改變你命運的是自己的心態，只有心態端正，接受肯定與鼓勵、放下嘲笑和否定，你才能否極泰來。

一個人適合做什麼，他的命運好壞，其實只有自己最清楚。我們身邊總是充斥著怨天尤人的失意者（包括我們自己），總覺得上天對自己不公平，沒有賜予他們天才的頭腦或靈巧的雙手、埋怨自己不是生於豪門，或抱怨別人總是比自己幸運。

其實，上天賜給了每個人一項別人沒有的才能，只不過有些人發現了，並且竭力開發這些技巧；而有些人卻只顧著抱怨，忘了挖掘自己獨一無二的天賦。

心靈Update

✦ 成熟的人會將上天給予他的磨難視為一項生命的考驗。
❤ 一個人適合做什麼，只有自己最清楚。

向命運宣戰

很多時候，我們只看見別人享受著榮華富貴的歡愉，卻忽視了他們成功前所受的委曲與煎熬。以樂聖貝多芬（Ludwig van Beethoven）為例，上天賜予他出神入化的音樂造詣，卻也讓許多災難降臨在他身上，但透過天分的發揮，他仍然成為舉世聞名的音樂家。

貝多芬自幼生於一個不幸的家庭，四歲開始，貝多芬的父親無意間發現他的才華，便強迫他長時間練琴，希望將他培養成音樂神童，成為自己的搖錢樹。他甚至不惜打罵貝多芬，讓他常常在疲倦和疼痛中入眠。

上天跟貝多芬開的玩笑還不止於此。二十六歲時，當他好不容易淺嘗成功果實的時候，他突然發現自己染上耳疾，聽力漸漸退化，最終甚至雙耳全聾。痛苦不堪的他甚至一度想輕生，而留下著名的「海得堡遺書」。

但貝多芬最後仍沒被命運擊倒。在與外界聲音隔絕後，貝多芬開始用「心」作曲，此時他原有制式的貴族典雅消失了，取而代之的是強烈的熱情與波濤洶湧的情感，在這個時期的創作如《命運交響曲》、《田園交響曲》等，都將古典樂派從傳統中解放，開創出另一種嶄新面貌。

貝多芬為世人展現了人類意志的巨大力量，他以對音樂的熱情對抗命運的打擊與嘲弄，終於掙脫了束縛，讓自己的靈魂化作永垂不朽的作品，存在人們心中。

成熟的人會將上天給予他的磨難視為一項考驗，並且竭盡所能超越磨練，為自己的夢想負責。其實，成功突破困境的人總是少之又少的原因，絕不是因為其他人不夠幸運，而是只有少數的人能堅持己見，在自己認定的路上信步前進。

一個人的態度和行動決定了他的命運，因此，想要改變自己平庸的命運，你必須先改變自己消極的態度與想法，大膽掌握自己的命運，為自己的人生負責並下定決心，就從這一刻開始。

準確定位自己

每個人生來就有屬於自己的天命，人生的價值就決定於你的天賦是否完全發揮。

你覺得自己是一個什麼樣的人呢？

如果有人請你簡短地形容一下自己，你會怎麼回答？

大多數人可能會說：「我今年三十歲，目前在某公司擔任某工作……。」等諸如此類的描述。親愛的，若你的回答與這個答案大同小異，那麼請注意，你的將來很可能陷入一片黑暗。

爲什麼呢？因爲在這世界上，和你回答相同答案的人，可能數以萬計，而你的個人特質與特殊能力，將在這些一成不變的自我認知淹沒。

擺脫錯誤的定位

其實，透過一個人的自我介紹，往往能夠觀察出他是如何看待目前的人生定位。

所謂定位自己，就是期許自己成爲什麼樣的人，並且爲自己立定一個適合人生目標。一個懂得準確定位自己的人，才能學會用自己的特長尋求發展，發揮自己的最大價值。

許多舉世聞名的偉人在成名前都曾被貼上負面標籤，如諾貝爾化學獎得主奧托．瓦拉赫（Otto Wallach）曾被他的老師評爲：「不可能在文學上有前途」、「在繪畫藝術方面的不可造就之才。」

人際溝通大師卡內基（Dale Carnegie）兒時甚至因爲喜歡惡作劇，而被學校評爲：「公認的壞男孩。」

這些人眞的如此無可救藥嗎？從他們後來的成就判斷，答案當然是否定的。但爲什麼這些評價會和他們的成就有天壤之別呢？答案就在於他們明確地了解自己是個什麼樣的人，而不會輕易讓外界或其他人決定了他們的人生定位。

現代人最容易犯的錯誤有兩個，一是因爲對自己認識不清而將自己定位在錯誤的位置上，例如：有經世長才的人卻將自己定位爲藝術家，或運動細胞發達的人卻以公務員爲志，其中奧托．瓦拉赫就是一個顯著的例子。

而另一個錯誤則是雖然清楚自己的優勢在哪裡，卻因爲惰性或耽於安逸，而寧願畫地自限，待在自認爲「安全」的地方，甘心庸庸碌碌地過一生。

無論是前者或後者，他們不僅浪費了自己的特殊才能，也可能讓自己因爲不得志或缺乏成就感而過得鬱鬱寡歡。其實，每個人生來都有屬於自己的天命，而冥冥之中，會有股神祕的力量引導你去完成這番志業，如果你放棄了天命，那麼將會覺得自己的人生索然無味，失去感受生命意義的滋味。

追尋你的天命

說得好像很玄，至於何謂天命呢？以下故事也許能爲你提供一些解答。

在動物園裡，好奇的小駱駝向他的父親請教心中已久的疑惑：「爸爸，我們的背上爲什麼會有駝峰？」

「因爲駝峰可以讓我們在橫越沙漠時，儲存必要的脂肪和水分呀！」駱駝爸爸說。

「那我們爲什麼要有長長的睫毛呢？」小駱駝又發問了。

心靈 Update

✦ 透過一個人的自我介紹，能夠觀察出他如何看待自己。

❤ 許多舉世聞名的人在成名前，都曾被貼上負面的標籤。

「因爲沙漠中風沙大呀！又長又濃密的睫毛可以保護我們的眼睛。」駱駝爸爸耐心解釋。

「那我們的腳底爲什麼要長厚厚的肉墊呢？」小駱駝彷彿有成千上萬個問題想要打破沙鍋問到底。

「厚厚的肉墊能讓我們橫渡沙漠時，不被滾燙的沙燙傷呀！」駱駝爸爸很自豪地說。

最後，小駱駝又問：「既然我們身上充滿著爲沙漠而生的構造，那……那我們現在在動物園裡幹嘛呀？」

「因爲……因爲在動物園裡我們可以躲避風沙的侵襲啊。」駱駝爸爸欲言又止地說著。

這是一則諷刺意味濃厚的笑話。駱駝爸爸明明知道自己的天命是跟著駱駝商旅橫渡沙漠，對於自己的長處與天賦十分了解，但卻仍然將自己放在不屬於自己的位置——動物園，讓英雄無用武之地，既可笑又悲哀。

其實，在生命中每個人都有自己特定的位置，駱駝被豢養在動物園中固然能養尊處優，避免風沙之苦，但他們卻無法了解此生命意義，充分發揮自己的生命價值。

你明白自己的天命了嗎？你是否對現在的處境感到滿意？其實，大部分的人都對現況不滿，但他們卻未必有改變自己的勇氣。但認眞思考，改變固然會讓你陷入生存風險，可是待在一個不適合自己的位置上，除了大材小用外，不懂得居安思危的你終將抹煞自己與生俱來的才華，而你的競爭力也會漸漸退化。假以時日，當你一直賴以維生的「保護罩」破裂時，你將會失去任何防禦力，讓自己陷入更大的風險中。

每個人天生都有自己的舞臺，只有站在屬於自己的舞臺上，你才能大展身手。因此，你就應該下定決心尋找與自己特長更符合的領域和位置，準確爲自己定位，讓人生走向圓滿。

不要盲目追求時尚

真正的時尚不僅僅是衣著或打扮，而是一種生活態度。

你與別人有什麼不同？最大的不同就在於你們是不同的生命體，所以會有不同的思想。

獨特的個人見解是一個人制勝的關鍵，可惜很多時候人們因爲缺乏主見而容易受到周遭人、事、物的影響，盲目地追逐時尙，並且隨波逐流、人云亦云。

現在流行的不一定是最好的

時下有許多年輕人常因爲害怕被時尙拋棄，因此一窩蜂跟隨潮流前進，其實，如果要讓別人在人群中注意到你，你應該做的不是追逐流行，而是讓自己與眾不同。許多引領潮流的先鋒在一開始都因爲標新立異而被人嘲笑，但最終人們反而認可了他們的原創性，並積極模仿他們。

眞正的「時尙」，並非外在的衣著或打扮，而是一種生活的態度。

國際精品 chanel 的創辦人香奈兒（Gabrielle Bonheur Coco Chanel）女士曾說：「繁華易逝而風格永存。」此語的目的就在於鼓勵女人塑造自己獨特的風格，而不要盲目追求流行。對於香奈兒而言，衣飾的款式與質料很容易隨著新設計或技術問世而被遺忘，唯有她的經典風格永不消逝。因此，只要能營造與眾不同的風格，即便是便宜的地攤貨，你也能穿出品味、穿出自信。

當然，一個具有自我主張的人總是能獨具慧眼地欣賞潮流，但他們絕不會盲目地追求潮流，而是從潮流中找尋適合自己風格的元素，進而將之轉化爲自己的內在。

相傳古典音樂家巴哈（Johann Sebastian Bach）年輕時曾到一位貴族家作客，女主人特地爲他放了一首流行歌曲，但聽著聽著，巴哈竟打起盹兒了。女主人覺得非常受辱，於是問他：「這首曲子不好聽嗎？這可是最流行的音樂。」

巴哈回答他：「流行的東西就好嗎？」

女主人回答：「不好怎麼會流行呢？」

此時，這位傑出的音樂家做了一個絕妙的回答：「那麼，流行性感冒也是好的

心靈Update

✦ 你該做的不是追逐流行，而是讓自己與眾不同。
❤ 真正的「時尚」，是一種自信而堅定的態度。

囉？」

其實，好的東西一定會流行，但流行的卻不一定就是好的。因此，你應該培養自己對時尚「眞正的」鑑賞力，不要人云亦云，更不要讓自己淹沒在潮流中，你應該勇於追求自己的風格。

辨別眞正的時尚

那麼，如何找到適合自己的風格？怎樣才能辨別眞正的時尚呢？

1.時常懷著批判精神

追求時尚並非罪惡，但不假思索、照單全收地仿照，將會讓你被流行蠱惑，或者沉浸於根本不適合自己的風格中。因此，你應該隨時以批判的眼光審視流行趨勢，從中汲取正面、樂觀的想法與態度，讓自己的觀念一步步進化，而非被潮流腐蝕。

2. 感染周圍的人

引領時尚最重要的工作，就是影響周圍的人，讓大眾接納你的獨特。你必須有不畏世俗眼光的特質，並且充滿自信，不斷傳達自己的理念，最終才能影響群眾，創造新的觀念。

3. 在心靈中留一塊淨土

很多時候，爲了韜光養晦或明哲保身，我們會刻意迎合世俗，但無論如何，你都要在心中保留一塊淨土，千萬不要忘記自己原本的樣子。

許多成功的人都是與眾不同而離經叛道的，也許他們一開始遭人非議，但正因爲這樣的「不俗」才能讓一個人備受矚目。懂得利用潮流才能引領潮流，只要在潮流中尋找自己內心需要的東西，你就站在時代尖端，成爲萬眾矚目的聚光燈。

成為唯一，不爭第一

不要爭「第一」，而要當「唯一」，你必須及早經營自己的「唯一優勢」。

記得小學時代，我最討厭的時間就是月考後公佈成績的時刻。當時台上的老師總會大聲宣讀：「第一名，劉XX，總分三百九十五；第二名，李XX，總分三百九十二；第三名，王XX，總分三百八十五……。」

哪怕我常是班上唯一的「國語」滿分者，但考試按照「總分」排名，因此從第一名到第五名，永遠都沒有我的份。

從學校的排名制度也可以發現，我們的社會價值觀普遍推崇爭「第一」，卻總是忘了「唯一」的價值。

跟自己競爭

其實，所謂「第一」意味著你的後面還有無

數競爭者，意味著你能做好的事，其他人也能做得好，只是他們做得比你慢，做得沒有你完美，換句話說「第一」是競爭的結果。而「唯一」則不同，唯一代表「舍我其誰」，無可取代的地位。

很多人常常會問：「優秀與卓越到底差在哪裡？」

簡單地說，某件事別人做得好，你也做得好，那麼你是個優秀的人；而別人不會做的，若你同樣能做得很好，那你就是個卓越的人。也就是說，「卓越」就是能在某個熟悉的領域內成爲「唯一」的才能。

現代人常常爭先恐後地爭取「第一名」的席次，但只要是競爭，就會有勝負，也許哪天一不留神，你的冠軍寶座就會被後頭虎視眈眈的競爭者奪走。但「唯一」具有不可替代性，你不必擔心王位不保，只需要設法超越自己。因此，有智慧的人總是期許自己成爲「唯一」，而非「第一」。

第一意味著競爭，而唯一則代表突破——無論是對個人能力的突破，或對某個領域、某種限制的突破。一個人的價值往往由他的能力與品格決定，而不是由他是否善於競爭、是否符合某種標準而定。

偉大的物理學家愛因斯坦曾經也因爲反對填鴨式教育，而讓大學教授對他留下負面印象，甚至因此被拒絕留校任教。在某方面，他或許並非「第一」，但是他卻成了近代最偉大的物理學家，而儘管在科技與知識更爲發達的現代，他的地位仍然屹立不搖。

因此，你必須勉勵自己成爲「唯一」，並且努力經營自己的優勢，讓你的特長更持續不間斷地發揮。

從基本扎根

如何經營自己的優勢，怎樣才能讓自己更出色呢？當然，要成爲卓越的人才並不容易，但有幾個「最基本」的面向絕不能遺漏，只要在以下幾個方面下苦工，只要打好基礎，你就能在某個專業領域成爲「唯一」。

1. 用知識武裝自己

有句話說：「你可以白手起家，但不能赤手空拳。」而一個人最好的武器，就是「知識」。

在資訊大爆炸的社會，知識將成爲你取得成功的資本。無論是從解決問題的過程中吸取經驗，抑或透過學習充電，你都要讓自己的大腦隨時補充新知識。爲了成爲不可取代的人，你必須盡可能在工作之餘多閱讀專業書籍，深入了解社會脈動。

「閱讀」是累積智慧最簡單的途徑，許多成功的企業家都有每日閱讀的習慣，如台積電董事長張忠謀就是個愛書人，據說過去他一天至少花七、八個小時看書，而時至今日，他仍然堅持每天抽空閱讀。

你必須勤於學習，每天爲大腦灌輸新知識，才能讓觀念不斷更新。

2.經營你的人脈

這世界上並不缺乏「專業」人才，但卻缺少有能力「整合」各項資源的人才。因此，如果你能經營自己的人脈，讓自己活躍於各行各業、三教九流，那麼有朝一日需要不同領域的專業人士合作時，你將成爲組織、領導團體的不二人選。

「朋友是人生的重要財富」，只要在工作或日常生活中拓展自己人際關係，你也能成爲卓越的公關或經理人。

心靈Update

✦「第一」是競爭的結果，「唯一」則代表「舍我其誰」。
❤ 這世界上並不缺乏專業人才，卻缺少能整合資源的人才。

3.經營自己的信念

人生是需要規劃的，能夠清晰地規劃自己人生的人，才有成功的可能。面對未來，如果你總是隨波逐流、得過且過，既沒有目標與夢想，更沒有具體計劃，那麼成功只會離你越來越遠。

因此，想讓自己成爲某個領域的專才，你必須及早經營你的職業生涯與人生藍圖，因爲越早取得自我定位，你就能愈早修煉該目標必須具備的能力，也能越早在自己的舞臺發光發熱。

4.經營自己的習慣

有人說「性格決定命運」，而一個人的生活習慣往往透露他的眞實性格，因此你必須經營自己的生活習慣，下定決心將陋習剔除，並且培養良好的習慣。無論是積極正確的理財習慣、樂觀的處世態度或細微的口頭禪與習慣動作，都要小心留意，讓自己由內而外都散發出獨特的迷人氣質。

用心經營人生能讓你一天比一天進步，你必須讓自己過得更清醒、更理智，才能成爲人生領域之中的「唯一」。

打造自我特色

有時候你在別人眼中的「缺點」並非缺點，而是屬於你的獨一無二的「特點」。

有時候，我們會遇到人生的分歧點，一邊是「做自己想做的事」，一邊是「順從他人的期望」，讓自己左右爲難。

如果此刻的你，選擇了順從他人的期望，變成別人希望你成爲的樣子，短時間內或許會獲得一些肯定，但當你選擇了一條「不像自己」的道路，最終依然會因爲失去自己而無法體驗到快樂又自在的人生。

如果你屏除外界的聲浪，傾聽內心的聲音，眞正地了解到自己人生想要追求的是什麼？自己的天賦是什麼？該如何達到你的理想？那麼短時間內，或許必須承受一定的外界壓力與眼光，但只要你了解自己的特色、順從內心的渴望，終究能收獲一個如你所願的人生。

所以，你首先要釐清的是，你異於常人或比一般人更優秀的地方在哪裡？這就是你無可取代的特色。其實，每一個優秀的人的成功模式都帶著鮮明的個人色彩，當大家實力相當的時候，「自我特色」將成爲一個人贏得競爭的籌碼。

一個人的核心競爭力不是知識，也不是做事能力，而是那些其他人無法複製的天賦。因爲知識可以學習，能力也可以訓練，但某些與生俱來的天賦卻是花錢買不到、學也學不來的東西。而這些東西，就是你的個人特色，它才可能成爲你的核心競爭力。

特色是決定你脫穎而出的關鍵

無論是人或商品，在競爭者實力平分秋色時，特色將決定他們的優劣高下，決定他們最終將勝出或慘遭淘汰。有的人靠著不顧一切的勇氣勝出，有人靠激情和熱情勝出，有的人靠著冷靜嚴謹的分析勝出，有的人則靠眞誠與誠信而勝出。

古今中外，無論哪個領域的傑出人士都有讓人過目不忘的特色，如詩仙李白瀟灑自若的氣度，讓世人不禁封他爲「謫仙人」；好萊塢天后女神卡卡（Lady Gaga）則以搞怪造型和大膽作風而風靡全球。可見，一個人擁有自己的獨特之處，會讓他更容易被人們注意和發現。

而你呢？你將靠什麼而勝出？什麼特質將成爲你技壓群倫的特色？

其實，除了強化自己的天賦外，在思維、理念、談吐甚至衣著打扮上，都是你可以發揮巧思，讓自己與眾不同的地方，所以別侷限於舊習，放膽做自己吧！

勇敢做自己

那麼該如何成功地打造個人特色呢？你可以從二個方面試試看：

1. 別管別人在想什麼

很多時候，我們總是害怕特立獨行、害怕自己與社會格格不入，於是隱藏自己眞實的喜怒哀樂。久而久之，我們雖然被同化了，但也成爲茫茫人海中一個毫不起眼的人。就像以下這個故事一樣。

在一座偏遠孤島上，有一個遺世獨立的小國，小國裡只有一口井，所以全國上下的人民都靠這口井維生。其實，那是一口有毒的井，這個國家的人民、官員甚至國王

心靈Update

✦「自我特色」是一個人贏得競爭的籌碼。

❤ 在認清自己的「特點」優勝劣敗前，請不要急於改正。

都因為長期飲用有毒的水而中毒甚深，每個人都臉色蒼白，只是他們並不知道。

有一天，一位迷路的旅人誤闖這個國家，眾人見了健康膚色的他，都認為他病了，因此不由分說地將他送進醫院，請醫師為他治病。經過診斷，醫師發現旅人是因為喝水太少而導致膚色黝黑，於是他們紛紛取來井水，要旅人喝下，否則他將被驅逐，永遠不能再踏進該國一步，以免他身上的病毒傳到這個國家。

如果是你，你會喝下井水，讓自己與那些生病的人們為伍，或者選擇清醒地離開？

當「眾人皆醉我獨醒」時，我們反而會因為他人異樣的眼光而懷疑自己的立場，其實，只要遵循正道、堅定信念，何必在意別人的眼光？

2.正視你的缺點

面對他人的指責，我們總是急於改正自己的缺點。雖然「知錯能改」是件好事，但大部分的時候，我們並沒有正視自己的缺點，並未仔細思考它對於自己的意義，就唯唯諾諾地改正它。長此爲之，我們雖然小心翼翼地將自己修剪成他人期望中的樣子，但也失去了眞實的自己。

其實，每個人性格中都有一些特別之處，有些在他人眼中格外「刺眼」的特質也許並非缺點，因此你不該一律否定。

許多名人幼時也常因爲奇特的言行而被當成「麻煩人物」，如愛迪生從小就喜歡動腦筋，遇事一定要問：「爲什麼？」，小學課堂上，老師在黑板上寫著「2＋2＝4」時，愛迪生突然起立發問：「爲什麼等於四？」不但引起哄堂大笑，還讓老師誤以爲他故意搗亂。

幸而愛迪生回家後將此事告訴母親，母親立刻了解自己孩子是那麼獨特，當下決定讓愛迪生在家自修，並且自己教育他。

如果當時愛迪生的母親也將他的好問當成搗蛋，並命令孩子「改過」，那麼這位偉大天才發明家將從此被扼殺。

因此，在認清自己的「特點」是優勝劣敗前，請不要急於改正，你應該客觀地判斷它對你目前或將來的人生會帶來阻礙或幫助。有時候缺點恰恰是成就你不凡人生的關鍵。

一個人想要脫離平庸而塑造自我特色，必定會受到大家質疑，愈是有稜角的人，越會受到更多磨礪。但是，想要打造自我特色，你就必須承受其他人語言的嘲諷和攻擊，如同搖滾樂萌芽初期，也受到世人的質疑和批評，但它仍然以自己的特色突破了既有的音樂類型而流傳至今。

能夠接受別人的冷眼旁觀或鄙視的人，最終才能贏得更多人的接受和歡迎，因此，你不該因自己的「特別」而自卑，反而該引以爲傲，讓特色成爲人生的助力，而非阻力。

十二星座的堅持

★白羊座（3／21～4／19）

其實問白羊座在哪些地方很堅持意義不大，因為毛躁衝動又個人主義的他們，可能今天什麼都不妥協，明天卻又什麼什麼都好，如同做事三分鐘熱度，不過，相對起來，他們非常重視隱私，尤其是情感生活，雖然其他部分可以隨便，可是一說到不想談的感情問題卻是絲毫不讓步，假設問他鈔票和個人隱私何者重要？他一定會回答後者。

★金牛座（4／20～5／20）

人人眼中死愛錢兼勢利眼的金牛座，其實對於自身的工作事業非常的重視，會希望別人非常尊重其專業能力，絕對不能干預這方面的自由發展，儘管平時強調工作的效率和努力，巴不得用過勞死去換鈔票，但那都只限上班的時候，一旦下班或自己的私人時間是誰也不能把他叫回辦公室的，因為公歸公，私歸私，沒有自己的時間又怎麼享受工作成就呢！

★雙子座（5／21～6／21）

看似屌兒郎當、玩世不恭的雙子座，其實對於工作十分在意，在他的責任範圍內十分的頑固又自以爲是，不容許太多干涉，除此之外，儘管他們根本就是好行小惠的一群，卻非常在意自己的外在形象，會希望別人看他們是勤勞、沉穩、實在而努力的人，總之，雙子座在工作上有自己的執著，千萬不要隨便挑剔他。

★巨蟹座（6／22～7／22）

「看起來」溫溫吞吞，什麼事情都好的巨蟹座，其實並沒有想像中溫柔。除了恐怖的神經質，對於在意的事更有鬼上身般的堅持，偏偏都在很多細小的事物或習慣上，例如，每天幾點鐘起床，幾點鐘要上廁所之類，這些小舉動一定有些外人看起來很莫名其妙，至於爲什麼？講穿了其實也只有感覺或習慣而已。

★獅子座（7／23～8／22）

天生帝王的獅子座，儘管平日威風霸氣，其實私底下多半十分迷信，他們或多或少有一套奇怪的宗教信仰，深信不移，堅若盤石，死活絕不讓步，另外，同樣非常在意自己的隱私，絕不容許其他人窺探，要是誰白目觸犯這些禁忌，結果肯定是難逃獅吼。

★處女座（8／23～9／22）

眾所皆知的龜毛處女座，其實真的很挑剔，他們也頗以自己的「擇善固執」得意，除了真正的大問題和大方向，不肯妥協的地方幾乎無處不是，尤其是「表面」文章，在他們的原則裡，什麼都必也正名乎，話雖如此，但是水星管轄外加變動宮的處女，原本就善變的不得了，他們的堅持往往最後也只是「堅持」這個動作，或許有天你會發現，他現在所執著的，也許是他一開始徹底否定的原則。

★天秤座（9／23～10／23）

喜歡斤斤計較、利益至上的天秤，其實在固執的事情上倒是表裡如一，他們非常愛錢，很容易在錢的事情上斤斤計較，只要和金錢有關的事情，都要說得清清楚楚，明明白白，自己不佔人便宜，但別人也別想多拿什麼好處，另外，他們也是對自己審美眼光極有信心的一群，別的事情好說，但講到對美的定義可獨裁的不得了。

★天蠍座（10／24～11／22）

外表看不出來，平時靜悄悄的天蠍座，其實最在意就是他的創意和智慧，只要是他的文字和點子，都是原汁原味的創作，人家絲毫動不得（當然，也批評不得），否則他一定發揮恐怖的記恨心和你糾纏不完，另外，勤苦奮戰的天蠍，也很在意自己的自由，會利用假期來趟短期旅行，充分放鬆，而這段時間最好也別輕易打擾他們。

★射手座（11／23～12／21）

愛好自由、無拘無束的射手座，其實最在意、最不願妥協的就是他的家庭，愛玩愛鬧的他們非常的戀家，非常戀母，如果試圖爭奪他與家庭的依戀，只是自討沒趣而已，另外，儘管他們可能會很嫌自己的家人，但是外人可千萬別亂批評他的家人，否則，他一定會跟你沒完沒了。

★摩羯座（12／22～1／19）

如大家所想像，誠懇、努力、奮鬥不懈，卻嫌呆板、反應慢的摩羯，對工作當然是非常執著，毫不妥協，而且這絕不只在「工作」而已，更重要的是「個人的形象」不容挑戰，如果在公眾場合上挑戰摩羯的權威，下場一定是永世爲敵，不共戴天，不過，另外有個不爲人知的是，他們對感情也十分癡情，專心一志，絕不輕言分手變心，這固然聽起來浪漫，但若他們愛錯了人，那可是非常麻煩的一件事。

★水瓶座（1／20～2／18）

腦袋多根筋，沒有人知道他們在想什麼的水瓶，因爲自戀，其實很不好溝通，因爲他們自認爲世上不可能出現更好的點子，而他們的難搞會表現在工作態度上，自以爲是和我行我素的程度，足以讓主管抓狂，另外，他們也是挑食的傢伙，和他們一起出外覓食，也是件可以讓人發瘋的事。

★雙魚座（2／19～3／20）

軟弱、耳根軟、缺乏人生方向與目的，雙魚其實非常在意人與人的相處愉快，尤其是與另一半，儘管在感情上濫情又容易劈腿，但是對於另一半很像烏龜咬上人手指一樣絕不鬆手，爲了奪得對方同等的依戀，可以對他非常好、非常黏，好到沒有自我人格一樣，然後才在「忽然」死心後全都不要，這種現象也會延續在他與別人的合作關係上，同事可能會赫然發現平日軟趴趴的他們怎麼掌控慾那麼強，其實這正是天性使然。

每天都在忙、忙、忙，

永遠被各種人生進度追著跑，卻遺忘了自己努力的意義，

只要懂得忙的有理、忙中有序、

忙中有樂……等眼盲心不盲的方法，

回歸工作與生活的平衡，絕對非夢事。

Y o u r s e l f

Chapter 4

要效率也要效果，
「忙」在對的地方。

Live to be

從工作中找尋成就感——忙而不乏味

興趣是可以培養的，很多時候工作的樂趣來自於你付出心力後獲得的成就感。

在生活步調緊湊的現代社會，工作幾乎占去人們大部分時間。若以平均一天八小時計算，加上加班及通勤時間，我們一天二十四小時中幾乎有十二小時花在工作上。因此，如果你不喜歡自己的工作，那麼每天將近二分之一的時間都會感到很痛苦。

但如果能從工作中體悟出樂趣，就會越做越有成就感，即使辛苦也能樂在其中。

無法選你所愛，但你可以愛你所選

在工作中，能夠從事自己最喜歡的職業，是許多人夢寐以求的理想。有人說，面對人生中大大小小的抉擇，你必須「擇你所愛，愛你所擇」。但是，很多時候我們迫於現實，並無法選擇自己最喜歡的工作。也許你喜歡寫作，但是你的文字產能並不足以成爲作家；又或許你熱愛跳舞，但是舞者微薄的收入無法供應你的生活開銷。因此，你被迫放棄所愛，選擇了一個原本並不喜歡的職業。

面對這樣的狀況，有些人終日怨天尤人，總是一邊工作一邊哀嘆生不逢時、時不我予；但有些人卻仍然用心經營，甚至爲自己開拓另一片生命藍海。這其中的差別，只在於「心態」。

有時候，即使我們從事的並非自己喜歡的職業，但很多時候，決定一個人喜歡某一項工作的原因，大多來自於「成就感」。

如果某項工作無法滿足你的成就感，那麼就算你再喜歡，終有一天你的熱情也會用盡。同樣地，即使你正做著毫無興趣的工作，但如果這項工作的能賦予你意想不到的成就感，那麼慢慢地你會從中發現樂趣。

因此，你必須拋下所有先入爲主的想法，試著全心投入工作——即使你對它毫無興趣。當你竭盡全力、絞盡腦汁完成一件艱難的任務時，你將會得到前所未有的滿足感，並且發現這項工作的趣味。

心靈 Update

✦ 決定一個人喜歡工作的原因，大多來自於「成就感」。
❤ 對於不曾做過的事，你又如何能斷定自己無法勝任呢？

拋棄先入爲主的想法

很多時候，我們面對陌生的工作總是抱持許多成見，並且以「不適合」、「沒興趣」爲藉口而拒絕接受。但是，對於從不曾做過的事，你又如何能斷定自己無法勝任呢？大部分的人認爲某項工作有趣，多半不是因爲它輕而易舉，而是因爲它充滿挑戰性；而人們對於自己過去的英雄事蹟回味再三，也多半是因爲過程驚險刺激或自己曾嘔心瀝血才獲得成功，而不是因爲勝利唾手可得。

所以，既然人生無法倒帶，那麼就隨遇而安吧！雖然你與現實妥協，雖然你無法從事自己興趣所及的工作，但是只要你曾付出過，工作一定會回報你應得的報酬，也許是成就感、也許是一群擁有革命情感的工作夥伴，也許是一份豐厚的薪水……。

如果你發現自己整天忙忙碌碌，卻滿口抱怨，甚至只是懷著「交差了事」的心態工作，那麼即便你做著和自己興趣相符的工作，你仍然無法開心過日子。因此，與其一邊工作，一邊後悔著：「如果當初我選擇了……。」、「如果我可以改做那些工作……。」倒不如設法從目前的工作中提取快樂，讓自己愛上現在的職業。

親愛的，別忘了興趣是可以「培養」的，因此在忙碌的時候、或者發現自己漸漸因工作而變得滿腹牢騷的時候，你應該偶爾低頭問問自己的內心：「我是否認眞投入自己的工作？」、「這份工作眞的毫無價値可言嗎？」很多時候，並非工作索然無味，而是你沒有用心體會罷了！

認清自己想要什麼——忙也要會思考

忙碌是為了解決問題，而不是為了製造更多的問題。

每天都在趕公車、趕報告、趕進度……，現代人生活壓力大，無時無刻不活在渾渾噩噩的忙碌中。但是，很多時候我們只是像隻無頭蒼蠅似的到處亂撞亂飛，一味地埋頭苦幹，卻忘了用大腦思考。

古人說：「學而有思，思而有創。」就是在提醒人們無論做什麼事，無論你的生活多麼忙碌，都必須停下腳步思考，用思考來指導行動，才不至於讓自己投注龐大心力後，才發現自己走錯了方向。

拒絕當不動腦的機器人

多年前，當工廠生產機械化後，許多人都預言機器將徹底取代人力。但事實證明人類仍然有機器不可替代的能力，因此目前為止「人工」還是工廠中的主力。而這其中最重要的原因，就是因為人類會「思考」，人類可以在多種選項中選擇最適合的方案，也可以處理各種突發狀況。

因此，你千萬不能浪費自己的優勢，切忌讓自己成為一部永遠重複機械式動作的機器，因為若缺乏思考能力，你將會讓自己失去獨特性，而變得非常容易被取代。

俗話說：「有所思，才能有所為。」因此你應該杜絕庸庸碌碌的工作方式，每天規定自己抽出一段時間思考。

無論面對任何問題，在決定處理方式前，你必須思考對自己最有利的工作方式；決定後也要思考如何落實才能最有效率、最有創意；落實的過程中還要不斷思考這樣的決策是否正確可行；甚至完成工作後，還必須檢核工作成果，並思考執行過程中的優點與缺點，作為下次工作的參考。

你也許會說：「我能夠按時把工作做完就很了不起了，哪來那麼多時間停下來思考？」其實，「忙」是實踐工作的過程，而「思」是工作的基本導引，如果你只是重複著「不經大腦」的工作，豈非本末倒置？

環顧四周，你是否發現身邊總有同學、同事與你做著相同的工作，但他們卻是好整以暇，在你仍然爲了落後的進度而忙得焦頭爛額時，他們早已完成任務，並且翹著二郎腿喝茶、看報紙。

其實，他們比你更快完成任務的原因，也許不是因爲他們動作比你快，或工作能力更強，而是因爲他們勤於思考，並且使用了更有效率的方法。

也許一經思考，你會赫然發現自己不當的工作習慣，將其改正後，你的工作速度將會大大提高。因此，不論多忙，你都應該花時間用心思考，就算忙，也要忙得聰明、忙得有智慧。

人們常說「經一事，長一智」，可見忙碌的時候也是增長智慧的好時機。但如果你只是埋頭苦幹卻不動腦筋，恐怕也難有大長進。因此，你必須重視執行能力，但更要增強執行的反思與檢討能力，才能在工作中掌握規律並累積經驗。

你爲什麼而忙？

不僅在工作中，在人生的旅途中，當你面對諸多選擇卻左右爲難時，你也可以思

心靈Update

- ✦ 如果你沒想過要去哪裡，就不會知道哪條路才是對的。
- ❤ 忙碌是為了解決問題，而不是讓你製造問題。

考自己究竟想要什麼？有了明確的目標，可以讓你的前進方向更清楚，讓你做事更加義無反顧、勇往直前。

因此，從現在起你必須在閒暇的時間仔細想想，你眞正想要的到底是什麼？你想過什麼樣的人生？如果，你想要的是財富，那麼你應該不辭辛勞，選擇一個高薪的工作；如果你想要的是幸福的家庭，那麼你是否應該減少加班的時間？又如果，你想要的是休息，那麼你應該偶爾拋開工作，爲自己計劃一場長途旅行……。

不同的人生階段，我們會有不同的需求。弄清楚自己目前最需要的東西，可以幫助你更明確地處事、更享受生活。

此外，知道自己想要什麼？知道自己因此而捨棄什麼？對於一個人非常重要。因爲這是你忙碌的理由，也是你的目的。如果你從沒想過要去哪裡，那麼你絕不會知道哪條路才是對的，就算你不眠不休地趕路，也永遠無法到達終點。你必須將自己的需要具體化，才能讓你在前進的過程中不被迷惑，不失去方向。

一個有智慧的人會在忙碌之前想清楚自己爲什麼而忙？在忙碌的過程中也會想清楚怎樣才能讓自己變得不那麼忙碌。

親愛的，請記得：忙碌是爲了提早解決問題，而不是讓你提早接觸下一個問題。因此，你必須時時刻刻提醒自己在忙碌中思考，才能提升你的計劃、駕馭及應變能力，成爲自己生命中的人才，而非奴才。

Time is money.
——把時間花在刀口上

你應該認清自己的工作執掌，把時間花在最重要的事上，才不致於徒勞無功。

上帝公平地分配給每個人一天二十四小時，有些人每天都規律地作息，不需加班、熬夜也能如期完成工作；也有些人焚膏繼晷、廢寢忘食，卻仍然大嘆「沒時間」。這究竟是爲什麼呢？

關鍵時使力

其實，時間就像金錢，必須花在刀口上。如果你總是將時間花在重要的事情上，那麼你的付出很容易就能看出成果；反之，如果你總是在忙，卻將時間都耗費於無關緊要的事情上，那麼就算你二十四小時都在工作，依然不見成效。

每個人的時間和精力都是有限的，如果你總是在處理細微末節的事，卻看不到任何成績，那麼你應該認眞思考自己該如何將時間花在正確的事情上。

其實，做事如同做菜，如果你一直忙於洗菜、洗碗盤，就算你洗得再乾淨，這道料理也不是你做出來的，功勞自然也不歸你。在許多飯店的廚房中，知名的主廚總是只負責餐廳的招牌菜，其餘備料、切菜、擺盤等工作全都交給助手，但他們卻是飯店中最不可缺少的人——因爲他們掌握了最重要的工作。

可見功勞最大的人，不一定是最忙碌的人，而是那些平時看起來悠閒，但關鍵時候卻能夠出一臂之力的人。

能者不一定多勞

長久以來，我們都信奉著「能者多勞」的觀念，因此對於他人賦予我們的工作總是照單全收。無論大事、小事、重要的是無關緊要的事，我們都萬死不辭。其實，被信任、被某人託付重責大任是一件可喜的事，但是你不該事事親力親爲。

許多有能力的人總是因爲不放心將任務假手他人，因此習慣事必躬親，雖然成功完成任務了，但也把自己累個半死了。其實，眞正有工作能力的人，不是獨攬大權、一手包辦所有細節的人，而是懂得分配工作、能與他人分工合作的人。如果你能適時將某些不必要的瑣事交付給別人，專心處理眼前最重要的任務，那麼你不僅能完美達成目標，還能爲自己爭取休息的空間，甚至從合作中提升你的人際關係。

我的朋友阿茂的故事，也許能破除你「事必躬親」的迷思。

阿茂在大賣場擔任推銷員，他的工作內容除了銷售冷凍食品之外，還必須負責清掃和商品上架、搬貨等。但阿茂並不擅長處理這些雜事，卻十分擅長推銷商品，於是他總是待在離門口最近的地方等待顧客，每當有客人光臨，他總是能憑著三寸不爛之舌說服客人走到冷凍食品區選購商品；但他的同事小光並不喜歡和和客人們打交道，於是他往往待在倉庫中盤點，並負責處理進退貨事宜。

每回到了月底發薪日，因爲推銷員能憑業績得到額外獎金，阿茂總是領得比小光更多。有一天，小光終於忍無可忍，便向主管投訴阿茂常不做份內的雜務，只負責招攬顧客。

阿茂得知小光的不滿，自知理虧，於是主動要求老闆將他的底薪去除，只憑績效獎金領薪。沒想到，從小光的投訴中，老闆因此了解阿茂並非刻意偷懶，也認爲他有

心靈 Update

✦ 功勞最大的人，不一定是最忙碌的人。

❤ 你是否總是把時間花在不必要的事情上？

更高潛力的業務才能，甚至特許阿茂今後只須專責於業務的工作，不再需要處理其他瑣事。因爲老闆刻意的栽培，幾年後，阿茂順利當上了業務部經理，並且大刀闊斧推動改革，讓旗下的業務人員皆「專職」推銷，不再需要花時間在瑣事上。而他的新政的確十分有效，幾個月後賣場的業績就有了顯著的提升。

可見，一個人的成就與功勞，絕對不是根據他的忙碌程度來計算的。如果你總是將時間花在不必要的事情上，那麼你終將徒勞無功，不僅浪費時間，還一事無成。

認清你的工作執掌

那麼，怎樣才能讓自己把時間用在刀口上？如何知道哪件事才是該做的「大事」呢？

答案很簡單，請你拿出皮夾裡的名片，看看你的職稱與頭銜，以及你所處的部門名稱。如果你的職稱是「工程師」，那麼就不該和客戶聊天時佔用太多時間；如果你是會計師，那麼就不該研究手上這家公司的案子能否投資，而是把財務報告做好——因為這些事有人會做得比你更好。

工作時，不妨看看周圍的人都在做些什麼吧！你可以向上司彙報自己的工作概況（當然，你必須先卸除「害怕與主管溝通」的心病），偶爾聽取他人建議，才能冷靜而客觀地分析你的工作方向是否正確。此外，你還可以留意公司最近的新政策或新的合作對象，並且主動爭取受人關注的任務。

一個人是否有工作績效，不是看他完成多少「分外工作」，而是看他對於「分內的事」達成率如何。很多時候，人們總是忙於責任之外的工作而讓自己分身乏術，忘了自己最重要的任務，最後反而一事無成。

「Time is money.」因此，你應該用珍惜金錢的心態珍惜時間，將他用在最需要的地方，並且錙銖必較、討價還價，才能讓自己脫離忙碌，成為時間真正的主人。

把最重要的事放在第一位——忙中有序

每個人每天都有忙不完的工作，區分事情的輕重緩急，才能有條不紊地完成任務。

每當有新進員工報到時，資深前輩或主管往往會交給他一份「工作流程表」，這份工作流程表匯聚了前人的經驗與心血，只要依循這套標準流程，新人就能很快地進入狀況。

也許你也曾質疑：「爲什麼一定要按照標準流程做事？爲什麼一定要因循前人的腳步，不能發揮自己的創意？」

其實，發揮創意是件好事，但做事就像蓋房子，無論結構多麼新穎的設計，都必須從地基打起。因此，身爲菜鳥的你必須從基礎學起，一旦根基穩固了，你才能有條不紊地處理事情，並且減少出錯，或者出錯後以最快的速度找出漏洞並加以彌補。

善用標準流程

每一個企業的規章制度及工作流程，都有它的合理性，它們大多是經過前人千錘百鍊而歸結的理論，也是經過無數次的整合和實踐後證明有效的方法。

以「生產線」為例，二十世紀初，在福特汽車廠內的專業化分工非常細，光是一條生產線的標準程序就多達七千八百八十二種。福特透過反覆實驗，才確定一條裝配線上所需的工人人數，以及每道程序之間的距離與生產線的流速。

這些設定全是經過最精密的計算和一再測試的結果，打亂任何一個小環節，都會讓整個生產線癱瘓。福特汽車之所以能在二十世紀締造銷量的神話，可見精密的製程扮演了不容忽視的角色。

有時候，我們常常喜歡毫無章法、隨心所欲地做事，往往A工作做了一半，猛然驚覺昨日的B工作只完成一半，於是趕緊放下手邊的工作轉而處理昨天沒做完的。這樣的工作方式不僅容易出錯，還讓他人留下邋遢、散漫、不可靠的印象，對你的職場生涯極為不利。

因此，想要讓自己做事明快俐落、不拖泥帶水，就要養成按照流程辦事的習慣。

而其中的要訣，就是學會制定計劃。

每個人每天都有無數的工作，而這些事情不可能在一天內全部完成，在這些待辦事項中，有的需要馬上就做；有的需要循序漸進，一點一滴完成進度；有的則很簡單，只要五分鐘就足以搞定；有些卻要花費我們整整一個上午的時間，才能處理好。而制定計劃的意義，就在於弄清楚各事件之間的先後順序。

美國某汽車公司的總裁就是一個善於安排工作日程的人。爲了方便自己區分事情的輕重緩急，日理萬機的他要求秘書呈給他的檔案必須放在不同顏色的公文夾中：紅色的代表特急；綠色的要立即批閱；橘色代表當日必須注意的檔案；黃色則表示必須在一週內批閱的資料；白色則表示週末前必須批閱；而黑色則表示僅須簽名的公文。如此一來，他依照顏色審核公文，並且用自己有限的時間一一處理公務。

如果你也能像這位總裁一樣爲自己安排一個進度表，將計劃中的任務一一安排先後次序，那麼你也能井然有序地處理事情，工作效率將會大大提高。

在排定工作計劃之前，你必須先弄清楚完成任務所需的時間與急迫性。例如主管交給你某項任務，你必須先弄清楚這件事情的「deadline」（最後期限），然後衡量這件事情大概需要花多少時間處理，再按照事情的重要程度安排在最適當的日程表上。當然，除了考慮自己的時間，你也必須計算其他可能拖延流程的因素，如公文往返的時間，及例假日無法辦公的時間。

區分工作的輕重緩急

具體的作法，是把每天需要做的事情寫下來，然後根據事情的重要程度和緊急程度將之區別，例如：

1. 緊急但不重要的事情

這類事情通常具急迫性，如一上班主管就會催著要的公文。如果這份公文早已撰寫完成，只剩下簽字或者覆核之類較簡單的手續，那麼你應該在一早進公司時便優先處理它。

因爲人們從一個悠閒狀態進入另一個緊張忙碌的狀態，需要一段緩衝的過程，如果這時候作重要的決策，往往失於草率。因此你可以選擇做一些緊急但卻簡單的工作，就像運動前的熱身，有助於你調適心情。

心靈Update

✦ 想要讓生活井井有條，就要養成按照流程辦事的習慣。

❤ 制定計劃的意義，在於弄清楚各事件之間的先後順序。

2.緊急且重要的事情

緊急且重要的事情是指最重要的、當務之急的事，只有迅速解決它，你才能進行下一個步驟。

這樣的事情建議在「熱身」完後立即處理，因爲此時你已經進入了工作狀態，不僅精力最旺盛，注意力高度集中、思路也最敏捷，因此你可以把緊急而重要的事情安排在這個階段處理，能夠減少出錯率，並提高效率。

3.重要但不緊急的事情

有一些事情雖不緊急，但關係到你的長遠發展，而且需要你日復一日地慢慢累積完成。例如下個年度企劃案或爲期二年的市場調查等，雖然它們沒有明確的終止期限，或者deadline仍非常久遠，但沒有人催促，你可能會一拖再拖，甚至將之拋到腦後。

這些事你可以安排於悠閒、時間較充裕的下午來做，因為午後的時光人們注意力總是不集中，剛好用來處理這些繁複又耗時，但並不需要花費很大的精力和注意力的工作。

4.不緊急也不重要的事

有一些生活中的瑣事，如瀏覽報紙的娛樂板塊、整理書桌或補充辦公用品等可有可無的小事情，僅需要在喝水、休息空檔順手處理即可，盡量別在正規的工作時間浪費心力或單獨安排時間處理它，否則將會耽誤你處理正事的時間。

很多人讓自己陷入混亂的原因，往往就是浪費時間在無關緊要的事上。其實，只要花點心思區分事情的輕重緩急，用全部的精力和黃金時間應付那最重要的事情，就能「滴水不漏」完成工作，並且提高你的工作效率。當你達到「忙而有序」的境界時，也許就能擺脫緊張的情緒，還能忙裡偷閒呢！

做自己熟練而擅長的事——忙而不盲目

將時間花在自己不熟悉的領域，只會讓你埋沒天賦。

隨著年紀增長，我們扮演的角色愈來愈多，責任也愈來愈重大，當然必須處理的事也愈來愈多。每天我們都有處理不完的正事、瑣事與雜事，如果每件事都需要自己動手，那麼你將永遠沒有空暇時間。

因此，即便習慣了忙碌，你也應該有所選擇，將心力用於自己最熟悉的領域，做你最拿手的事，才能事半功倍，獲得強烈的成就感。

別在意你的缺點

如果一個人總是認爲自己不夠完美，而忙於彌補自身的缺憾，甚至做自己不擅長的事，那麼他將長期處於挫敗與灰心之中。這樣的挫折感會讓他對生活、對自己喪失信心，進而失去生活的趣味。

例如我的朋友Amanda。

Amanda是某證券公司的理財顧問，她以精準的分析與預測在證券業頗具知名度，在朋友眼中是公認的女強人。只是，工作能力絕佳的她，婚後常常因爲自己拙劣的廚藝耿耿於懷。她認爲身爲女人卻不會做飯，眞是她人生中的奇恥大辱，因此一直無法原諒自己不能爲丈夫及孩子準備色香味俱全的三餐。

Amanda甚至在百忙中抽空報名「主婦烹飪培訓班」，但因爲缺乏天分，她好幾次都把滿懷耐心的烹飪老師惹得火冒三丈。不僅如此，烹飪課占去她所有的閒暇時間，甚至常常讓她與客戶失聯，差點錯過一筆影響全年績效的訂單。

某天，沮喪的她因爲家庭與工作分身乏術，Amanda終於對著一桌燒焦料理崩潰大哭。

這時，心疼她的丈夫拍拍她的肩膀，輕聲地問道：「妳爲什麼一心想增進自己的廚藝呢？」

Amanda淚眼婆娑地回答：「因爲我想成爲一個稱職的妻子。」

這時，她的丈夫笑了笑，說：「那就對了！我需要的是妻子，而不是廚師。因此，別再強迫自己做不擅長的事了，在我心中，妳已經十分稱職了……。」

可不是嗎？這個世界上沒有完美的人，每個人總有一些盲點和遺憾，每個人總有一些事做得不夠好，但這並不足以抹煞他其餘的優點。因此，對於自己不熟悉、不擅長的事，你不該過於執著，也許放下它，將精力花在自己適合的領域，你將能做出更大的貢獻。

心靈 Update

✦ 忙在對的地方，就能實現自己的最大價值。

❤ 只有在熟悉的領域做熟悉的事，特長才能完全發揮。

世上沒有完美無缺的人

有時候，安分守己地待在自己的位置、做自己熟悉的事，避免製造混亂，反而就能幫別人的忙——尤其當你在某些方面特別有天分，在其他方面卻一竅不通、甚至淪爲「麻煩製造者」的時候。例如全球第一位華人諾貝爾獎得主楊振寧。

據說當年楊振寧在美國求學時，因爲他的操作能力太差，做實驗時經常不慎引發爆炸，因此實驗室的同學甚至流傳著一句笑話：「哪裡有爆炸，哪裡就有楊振寧。」

幸好，最後在他的恩師泰勒博士建議下，楊振寧放棄寫實驗論文，轉而主攻理論物理研究，最終獲得了諾貝爾物理獎。

其實，一個人只有在熟悉的領域做熟悉的事，他的特長才能完全發揮。一旦讓自己「忙」在對的地方，也許別人花三天才能做好的事，你只需要一天就能完成，以實現自己的最大價值。

許多知名的成功者，他們經手的事情也許多不勝數，但眞正負責的事情通常很少——他們只負責自己最熟悉，最專精的事。親愛的，別再因能力以外的事，陷入無止境的忙碌了！只有選擇自己最熟悉的領域，做自己最擅長的事，你才能花最短的時間獲取成功。

平衡工作與生活——忙而有樂

忙碌於賺錢，是為了過更好的生活，千萬不要為了賺錢而忘了享受生活。

忙碌的生活能讓人感覺生活充實，並感到自己被社會需要。但是，即便一個人再樂於工作，你的身體與心靈依然需要休息與放鬆。因此，你必須懂得平衡生活和工作。

其實，忙碌有許多狀態，有人爲工作而忙碌，也有人爲了生活而忙碌，前者爲你創造人生價值，後者則爲你修築心靈港灣。如果你不懂得休息，就算將所有心力皆投注於工作上，那麼你的工作依然無法完全開展——因爲你並非讓自己處於最佳狀態。

人生不能永遠處在戰鬥狀態，適當的娛樂是休養生息的方式，你必須「固本培元」才能爲自己好好「備戰」，才有更多精力衝刺事業。

休閒無價

也許你會抱怨：「不認眞工作，休閒娛樂的經費又從何而來呢？」其實，休息不僅僅是「遊樂」，更是一種放鬆身心的自我調整。你可以爲自己安排一場悠閒的下午茶、或安靜地待在家裡閱讀，甚至探望許久不見的老朋友……。許多有益身心的活動，都是「免費」的。因此，別再以「經費」爲藉口了！你應該適時讓心靈放個假。

以下故事中的富翁，就是一個爲了賺錢卻忘記生活的人。

某天，富翁到海邊的別墅度假，他在某個小漁村的碼頭上，看著一名漁夫划著一艘小船靠岸。小船上有好幾尾肥美的鮪魚，富翁望著這些高價的漁獲，便對漁夫說：「好新鮮的鮪魚呀！你花多少時間捕到牠們？」

漁夫回答：「才一會兒功夫就捕到了。」

富翁又問：「那麼，你爲什麼不待久一點，好多抓一些魚？」

漁夫覺得不以爲然，便說：「這些魚已經足夠我一家人生活所需啦！」

富翁又問：「那麼，你一天剩下那麼多時間，都在幹什麼呢？」

漁夫笑了笑，說：「剩下的時間就休息呀！我每天睡到自然醒，出海抓幾條魚，回來後陪孩子們玩耍，一會兒再跟老婆睡個午覺，黃昏時再到村子裡的小酒吧喝點小酒，我的日子過得充實又忙碌呢！」

富翁認爲漁夫每天浪費太多時間，便幫他出主意，他說：「我是美國哈佛大學企管碩士，我有辦法讓你每天賺更多錢！你應該每天多花一些時間出海捕魚，存到足夠的錢後，你就可以買艘大一點的船。到時候你就可以抓更多魚、買更多漁船。擁有一組船隊後，你就不必把魚賣給魚販子，而是直接賣給加工廠。接著，你可以開一家罐頭工廠。如此一來，你就可以控制整個生產、加工處理和行銷鏈。然後你可以離開小漁村，並且經營你的企業王國。」

漁夫不解地問：「然後呢？」

富翁大笑著說：「然後你就可以高枕無憂啦！等時機成熟，你可以宣佈股票上市，把公司的股份賣給投資客。」

漁夫又問「然後呢？」

富翁說：「到那個時候你就可以退休啦！你可以搬到海邊的小漁村住。每天睡到自然醒，出海隨便抓幾條魚，陪孩子玩耍，再跟老婆睡個午覺，黃昏時，晃到酒吧喝點小酒！」

漁夫疑惑地說：「可是，我現在不就是這樣了嗎？」

多麼諷刺的一段對話！許多人都像富翁一樣，明知道汲汲營營地賺錢是爲了換取更好的生活，到頭來卻爲了賺錢而放棄生活。

其實，快樂有時候很簡單，就像對漁夫而言，與家人相處就是最單純的快樂。所以，忙碌之餘，你應該在日常時間爲自己安排有趣的娛樂活動，調整自己的身心狀態，「忙中有樂」才能眞正品味生活的甘甜。

珍惜生命的每個片刻

生活中有許多看似平凡的小事，都値得我們留意與珍惜。「清初第一詞人」納蘭性德曾言：「當時只道是尋常。」意思是人們對於少年時代的美好常常不以爲然，認爲是極爲平凡、普通的過眼雲煙，但回憶起來卻覺得格外珍貴。

就像電影《命運好好玩》（Click）一樣，男主角麥可紐曼因爲厭倦忙碌而枯燥的生活，便利用上帝給的遙控器快轉人生，直到終老，他才發現自己已錯過太多生命中

心靈 Update

✦ 年輕時認為極平凡的體驗，回憶起來卻格外珍貴。
❤ 每天空出三分鐘，讓自己進入冥想的世界。

珍貴的時刻，但卻後悔莫及。

如果，你不願這樣的遺憾發生在生命中，那麼你應該學會享受生活中的每一刻，無論是忙碌時間還是閒暇時光。

採擷生活中的每一個精彩片段，人生就會變得更加豐富。在忙碌的空暇時間，你可以偶爾抬頭看看身邊的雲彩；午飯過後倚著陽光打個小盹，到廚房精心煲一鍋湯，聽著鍋中咕嘟咕嘟的冒泡聲，幸福的氣味將會從空氣中飄到你心裡。

即便工作不允許你擁有這麼多休假，你也可以在每天空出三至五分鐘，忘記身邊一切人、事、物，讓自己進入冥想的世界。尤其是知識密集工作者，更應該適時讓自己的大腦停下來，偶爾做一些「純體力」的勞動，如簡單的運動、伸展等。

越是忙碌的生活，精神越是緊張，你就越需要更多的休閒時間來緩解身心疲勞，「休息是爲了走更長遠的路」這句話雖然是老生常談，但能體會它的，卻沒有幾個人。從現在起，爲自己安排適當的假期與休息時間吧！只有身心靈三方面都獲得舒緩，你才能取得工作與生活的完美平衡。

十二星座的時間觀念

★白羊座（3／21～4／19）

白羊座在生活中總是追追趕趕，你無論做事或談感情都不喜歡拖泥帶水。粗線條的你並不是很有時間概念，完全都是衝著你的細胞運轉比別人要快速。事實上你根本沒有特別想要「管理時間」這回事，一切都是因爲你忍受不了「等待」。

★金牛座（4／20～5／20）

金牛座總是喜歡慢工出細活，你把時間當成一種「魔力」，比如把錢定存在銀行，只要經過一段時間，銀行就會付些利息給你；埋頭工作一個月後，就會有薪資入袋；還有保險分紅等。時間讓金牛座領略到許多實質的獎賞，更令你體會到「時間就是金錢」這句話的眞諦。你向來注重事情的輕重緩急，懂得優先處理較緊急的事物，不浪費時間是你的美德之一。

★雙子座（5／21～6／21）

雙子座很愛說自己「沒時間」，並不是因爲你很忙碌，而是因爲你總是環顧四周各種即將發生的狀況，而耗費太多光陰。不過你很會利用瑣碎的時間。因爲你看得多也聽得多。大部分的時間你都用來搜集新資訊，或者在探聽新情報上面。對你來說「沒計畫就是最好的計畫」，你所花的時間，是要經過長期累積才能看出成效的。

★巨蟹座（6／22～7／22）

巨蟹座往往不會安排時間，你的時間因爲家庭需要，而有不同的安排。巨蟹座喜歡把時間和感情相提並論，對你越是重要的人事物，你願意花的時間也就愈多。感情用事對你來說是常見的，你可以爲了一位好朋友的傷心電話，而花數小時傾聽對方心事也在所不惜；可是如果是你不喜歡的人，即使要你花幾分鐘，你反而會覺得不甘願。

★獅子座（7／23～8／22）

時間在生性揮霍的獅子座手上，永遠都嫌不夠。你不會捨不得花時間玩樂，你在意的是「爽不爽」。你做事並沒有時間表，你知道自己的能力範圍。細部規劃的工作並不適合你做，你較能勝任「召集人」或「發起人」這個職務。

★處女座（8／23～9／22）

處女座擅長規劃與分析，你能夠透徹地捕捉時間的特性。比如，你深知「遲到」對一個約會品質產生的破壞，這時候你便會很看重「時間」；如果要求的是一件工作的完美度，你會左修右改，爲了品質而花費多一點時間成本，因爲你把時間當成一種品質的本源。處女座由於對瑣碎事物頗得心應手，所以時間控制也常會細微到分秒。

★天秤座（9／23～10／23）

天秤座並不會在乎時間的流逝，你的生活有絕大比例是在安排交友與遊戲的時間，你認爲社交活動的時間是不可避免的。你不喜歡太倉促的時間，總是以一副優雅的面貌出現。如果眞的時間不夠用，你也會擺出美美的樣子抬頭祈天說：「神啊！請多給我一些時間。」時間對你來說，應該是一種生活的品味，你一直希望自己能過得悠閒安適，不想把自己弄得太緊繃。

★天蠍座（10／24～11／22）

時間對你來說，是種人生的籌碼。年輕時的天蠍座，很懂得時間的好用，求學時的你，總能在考前運用「筆記」或「猜題」，壓縮自己努力的時間，而達到最大的效能。而等到年長一點，你會把握時間在你有興趣的事物上，「時間」是用來解決問題，而不是製造問題的。

★射手座（11／23～12／21）

時間對你來說，代表的是一種自由；射手座是十二星座裡最不希望被時間擺佈的。你不覺得時間指的一定是手腕上手錶的刻度，嚮往四處旅行的你，或許在飛越國際換日線時，才會驚覺時間轉變。你認爲不管時間就是最好的時間管理。如果有人問射手座：「你都是怎麼安排時間的？」你或許會支支吾吾說不出口，但你心裡卻在想：幹嘛問我這個浪費時間的問題！

★**摩羯座（12／22～1／19）**

摩羯座稱得上是「時間守門員」，自小你就深深明瞭「一寸光陰一寸金，寸金難買寸光陰」這句話。你幾乎把時間都拿來做充分的利用，而讓自己看起來格外忙碌。你有自己的日程表和工作進度表，希望自己能夠遵照著進度過日子，有時甚至會壓縮自己的時間，只爲了提高經濟效益。對於一些玩樂活動，如果你認爲是浪費時間、對自己沒有幫助的，你不會想要參與。

★**水瓶座（1／20～2／18）**

時間對你來說，是對全世界人類最「平等」的東西，不管是窮人富人，一天也都只有二十四小時。水瓶座總希望帶給這個世界一些既定觀念的改變，就像你不認爲一定要有婚姻關係，即使在婚姻的狀態裡，你也不覺得一定得有傳宗接代這回事。你覺得時間的進程並不是單向進行的，在另一個時空裡，或許也有另一支線在進行著。所以一天幾小時對你來說，並不是挺重要的事，意義反而才是你最關心的。

★雙魚座（2／19～3／20）

時間對你來說，就像是一條河。雙魚座情願在時間裡流浪，你有太多的美夢和幻想，等著實現。有時候雙魚座被認爲是不懂得運用時間，甚至沒有時間觀念的人。不論你受到任何的威脅或利誘，你還是希望能夠隨心所欲過生活。你沒有所謂的時間管理方法，你認爲在適當的時間做適當的事就可以了，沒有必要把自己逼得那麼緊。如果說雙魚座會很積極地去做一些事情，多半是後頭有人在推的緣故。

每個人都存在著兩面性，但一時的喜惡大多只是心境使然，

別讓自己成爲非黑即白的獨裁者，

在喜惡之間，多保留一些包容的空間，

把心中的敵人當成可敬的對手，甚至接納成爲自己的戰友，

你將不再孤軍奮鬥，因爲你擁有史上最強大的智囊團。

Y o u r s e l f

Chapter 5

心胸開闊，
人人皆能爲你築夢。

L i v e   t o   b e

人氣就是你的軟實力

經營你的人際關係，讓不同專長的人為自己效力，就是提升競爭力的妙方。

年輕時，我們總是心高氣傲，喜歡爭強好勝，甚至因爲各種檯面上與檯面下的競爭而得罪了不少人。其實，一個人成功的關鍵，不僅僅取決於能力，他的人際關係也是一個不容忽視的軟實力。

因爲一個人緣好的人，會懂得和各式各樣的人相處、磨合、包容，也代表他有和團隊合作的良好能力，所以會比獨行俠型的人更能創造出無限的力量，也能因爲夥伴彼此的支持、共同努力，而能在人生的成功之路中走得更順遂、更長遠。

讓團隊成爲你的後盾

高人氣不僅能幫你匯聚正面能量，有時候，

一個受歡迎、但能力平平的人，與一個自視甚高但能力強的人處理同一件事，前者反而能做得更好，因爲他能左右逢源，獲得各種專業人才的幫助；而後者即便實力再強，單憑一己之力，即使能包辦一切，依然有精力耗盡的一天。

特別在這個分工越趨精細的社會，團隊的力量更不容小覷，就算你的才華不是那麼出眾，如果你在團體中擁有一定的影響力，讓眾人願意跟隨你，甚至爲你效力，那麼你接近理想的距離就比別人更近。許多成大事的人，並不需要樣樣精通，只需培養自己的領導特質與某項特長，並且拓展人際關係，就能讓眾志成城，成爲自己強而有力的後盾。

快速提升你的人氣指數

那麼，應該如何提升自己的人氣？讓人脈變成你的軟實力呢？可以從以下幾個方面做起：

1. 提升自己的人格魅力

一個人的魅力往往會表現在他不經意的言行舉止間。你可以刻意練習一些能夠傳

心靈 Update

✦ 凡能成大事的人，都能容人所不能容，忍人所不能忍。
❤ 不管是正面還是反面教材，有助成長就是好學問。

達魅力形象的方法，例如：談話時多使用肢體語言、信任的眼神，或者是幽默感，一個能夠引發大家笑聲的人，往往人緣不差。

2.增進自己的學識

擁有深厚的學識和寬廣眼界的人，將會散發與眾不同的高雅氣質，曾子曾說：「三日不讀書，便覺面目可憎。」可見書香能薰陶一個人的氣質，因此你應該養成閱讀的好習慣，讓自己的談話內容常常一語中的、一鳴驚人，自然能讓人折服。

3.學會寬容，不斤斤計較

凡能成大事者，都能容人所不能容，忍人所不能忍。目光短淺、斤斤計較，只會讓你忘了寬容與豁達。

如果你的眼裡容不下半粒沙子，總是得理不饒人，那麼旁人將會對你敬而遠之，有朝一日當你需要他人幫助時，將會孤立無援。而一個能夠包容別人的人，當他不小心犯錯時，別人也會以寬厚之心對待他。

4. 謙虛讓你學得更多

沒有人喜歡聽他人自誇，一個人如果不分場合與狀況，逢人便炫耀，那麼將會受人冷落與鄙夷。因此，你應該學會謙虛、學會深藏不露，以免讓鋒芒刺傷別人。一個虛懷若谷的人，他也會懂得從各種人身上習得一些道理，不管是正面教材，還是反面教材，能夠幫助自己成長的就是好學問，只要你培養不恥下問的謙讓，就能拉近與別人的心理距離，在各種領域不斷擢升。

只要謹守上述幾項要訣，你的人氣指數自然就會急速攀升。親愛的，請記得：人氣也是一種競爭力，要讓自己在不知不覺中累積高人氣，就必須懂得凝聚人心，如此一來你才能左右逢源，無往不利。

不要遮住別人的光芒

在別人的舞台下，你應該安靜做一位稱職的觀眾，衷心地回饋掌聲。

喜歡拍照的人都知道，如果拍照時有人擋在你面前，遮住了閃光燈，那麼照片上你的臉將會黯淡無光，而暗自懊惱——因爲那張照片也許是記錄某段時光的唯一美好記憶，卻硬生生被人破壞了。

其實不只拍照，人生也一樣。有些人總喜歡炫耀自己，甚至蓋過別人的光芒把他人的眼光都吸引到自己身上，這其實是非常不厚道的行爲。

幫助別人表達自己

其實，聰明的人不但善於表現自己，也懂得幫助別人詮釋自我。所以當換到別人演出的機會，你應該讓出舞台、躲開閃光燈，讓光芒照耀在別人身上，這樣當你站上舞台的那天，他也會衷心回饋熱烈的掌聲。

西藏人是被視為最為團結的民族，這樣的性格與他們視為重要財富的「獒犬」有關。據藏人敘述，一隻具有領袖素質的藏獒，不僅會勇猛與敵人廝殺，還會幫助同伴成就屬於牠們的榮耀。一隻自以為是的藏獒，若搶在別的獒犬前殺了同伴追咬的獵物，將會被藏獒家族深深記恨。

因此，西藏人以此為戒，總是小心翼翼，絕不搶了別人的風采或功勞。人類之間的相處，也是如此。人人都有自尊，如果你在關鍵時刻遮住了別人的光芒、損害了別人的權力，也就形同損害了自己的威信，同時也在不知不覺間為自己樹敵了。

一個進退得宜的人，就像一位出色的伴舞者，即使自己舞技過人，甚至超越舞台上的主角，也絕不會搶奪主角的光采，更不會處心積慮引人注目。

拒絕成為「閃光族」

最近，網路和媒體上有個新名詞十分流行，那就是「閃」，意思是炫耀，用來形容一個人言談舉止過於張揚，發出的光芒過於刺眼，有失禮、惹人厭的負面意涵。像我的鄰居張太太就是一個「很閃」的人。

張太太非常喜歡自誇，無論別人提出什麼話題，她都能滔滔不絕地將話鋒轉到自己身上。不僅如此，經年練就的長舌功夫，也讓她特別敏銳，能輕易地挑出別人的語病數落一番，最後「百變不離其宗」地再提升自己的地位。

某天，李先生與李太太娶媳婦，婚宴上他們請來了能言善道的張太太上台致詞。按照習俗，致詞者通常簡單地表達對新人的祝福即可，但張太太祝賀完：「早生貴子」後，竟說起了自己的兒子與媳婦在哪高就，兩人月前為她生了個白白胖胖的孫子等。拿著麥克風說得口沫橫飛的她，絲毫沒注意台下賓客們個個意興闌珊，而李先生、李太太與一對新人也面面相覷，不知張太太何時才能「盡興」下台一鞠躬。

三十分鐘後，主持人終於忍不住，只好上台接過張太太手中的麥克風，半開玩笑地說：「張太太，賓客們都餓了，您也該回座喝口水休息休息了。剩下的話，期待您在您的二兒子娶媳婦時再繼續說吧！」

主持人說完，立刻引來哄堂大笑，台下更是響起一陣如雷掌聲。只見張太太的臉

心靈 Update

✦ 一位伴舞者，即使舞技過人，也不會搶奪主角的光采。
❤ 在那些不屬於你的場合，你應該做一個低調的人。

一陣青、一陣紅，默默地退回自己的座位上。

其實，像張太太這樣善於表現自己，樂於與他人分享喜悅是一項美德，可是如果過度愛出鋒頭，還搶了別人的光采，只會讓自己變成一個笑柄。

古語曰：「君子敏於行，而訥於言。」就是希望人們不要時時刻刻炫耀自己，一定要顧及他人感受。

該彎腰的時候，你不該抬頭，幫助別人表現自我，就等於成就了自己。人人都不希望因爲別人的光芒而黯然失色，而希望能與展現自己正面特質的人在一起。因此，想要在別人心中留下好印象，過度炫耀反而適得其反。

即使每個人都有獲得他人認同的欲望，也都有強烈的表現欲望，但你應該留一些機會給別人，也爲自己留一些退路，避免貽笑大方。

普普藝術的教父安迪・沃荷（Andy Warhol）曾說：「在未來，每個人都有成名十五分鐘的機會。」如他所述，每個人一生中，總會有完全屬於你的場合，而在那些不屬於你的「十五分鐘」裡，你應該做一個低調的人，耐心欣賞別人的演出，真心恭賀他人的榮耀。

下回輪到你上場時，其他人才會靜靜觀賞你的表演，並回饋無與倫比的熱烈掌聲。

不沾鍋就是智者？

有智慧的人，懂得運用自己的影響力為雙方協調，讓自己贏得所有人的信賴。

在這個爾虞我詐的社會裡，沒有心機的人往往容易落入陷阱，被小人的暗箭所傷。但是城府深沉、心機過重的人，也同樣令人畏懼，讓旁人不知不覺對他築起心防。

到底我們該如何掌握人我的分界，才能保護自己，又能左右逢源呢？

恰到好處的心機

很多時候，我們總是以為「置身事外」就是萬全之舉，因此對多事漠不關心、躲躲藏藏。其實，在競爭激烈的職場中，如果你能夠以正向心態看待爭鬥，並站在團結、共贏的角度處理事情，將會比「坐山觀虎鬥」或「獨善其身」更可取。

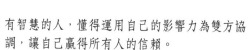

心靈Update

✦ 站在共贏的角度處世，將會比「獨善其身」更可取。
❤ 學會真誠以對，你的率真將讓你更受歡迎。

當你不願捲入無謂的紛爭，或不想在鬥爭的漩渦中加入任何一方，「裝糊塗」也許是一種好方法，但卻不是最完美的處理方式。因爲怕事的態度也許會讓其他人藐視你，甚至讓你成爲裡外不是人的眾矢之的。

更高明的方法，是挺身而出化解紛爭，積極爲矛盾雙方奔走。雖然這樣的作法也許會落得「牆頭草」的罪名，但若你拿出誠心，並以所有人的利益爲前提做雙方的和事佬，眾人終究會爲你的真心感動，而你也一舉贏得人心。

明哲不一定真能保身

明哲保身其實是一種消極的人生態度，他雖然可以讓你安然求生，但卻無法過得更開心。就像魏晉時期的崇尚「清談」而避世求生的竹林七賢，雖然堅持隱居不仕，最後仍然因爲特立獨行而遭到司馬政權趕盡殺絕，最後甚至惹來後世「清談誤國」批評。眞正有智慧的人，不該如竹林七賢般只求獨善其身，而應該發揮自己的才華兼善天下，否則在亂世中，你的「事不關己」反而讓自己成爲主事者眼中一顆不定時炸彈，對方必然去之而後快。

當你個人面對不公待遇時，退一步當然就能海闊天空；但面對「派系紛爭」時，如果你仍然冷眼旁觀，執意當個「不沾鍋」，恐怕會引起公憤。因此，你應該發揮自己的影響力，設法卸除對立人馬的藩籬，既不冷眼旁觀，也不火上加油，才能取得所有人的信賴。

俗話說：「害人之心不可有，防人之心不可無。」因此在社會中，你必須時時刻刻保持警惕，但也不能過度攻於心計。學會誠懇率眞地對待別人，將讓你更受歡迎。

低調是成熟的人生觀

成熟的人懂得保持低調，才能為自己爭取時間以累積實力。

飽滿的麥穗都是低著頭，而越是成熟的人，也越顯低調。在這個繁華紛亂的時代，人們對於成功總有著急切的渴望，因此汲汲營營、高調行事，不求增強自己的實力，卻處心積慮提高自己的曝光率。這樣的處世態度雖然能讓自己聲名大噪，但這樣的名聲總有如曇花一現，無法長久。

成名勿操之過急

時下許多演藝圈的新人總是依靠緋聞炒作知名度，一夕之間暴紅，也如願上到各大綜藝節目，但是卻又很快地因爲其他醜聞是非而被淘汰。

其實，炒作新聞是無可厚非的行銷手法，但錯就錯在他們操之過急。在自己羽翼未豐時就忙著聚集媒體與觀眾的目光，好事者當然會拿著放大鏡檢視他的一言一行，因此也暴露了自己的膚淺與無知。急於表現的結果，是錯失默默累積的過程，因此還沒來得及展現實力，就被大眾遺忘了。

所以，想要成就大業的人，千萬不能急於求成，你應該學會低調。「低調」代表著成熟和理性，代表你懂得涵養自己的優勢。許多人常誤以為低調的人是缺乏自信的人，其實事實恰好相反，俗語說：「會咬人的狗不會叫。」通常大吼大叫、恫嚇他人不要靠近自己的人，實則是因為心虛、害怕挑戰而虛張聲勢。

所以，人們更願意信任默默耕耘、三思而後行的「謹言慎行者」，而不相信那些誇大其辭的人。可見「低調」亦是一種成功的策略，因為穩重的人總是不輕易將話說滿，為自己留點餘地，卻給人更安全可靠的感覺。

桃李不言，下自成蹊

低調的人往往具有自知之明，善於聽取批評，因此在人群中總是最受歡迎的一群。不僅如此，這樣的人通常沒有架子，因此也不會招來嫉妒和憤恨，反而更能從容

心靈 Update

✦ 「低調」代表你懂得涵養自己的優勢。

❤ 穩重的人不輕易將話說滿，也能為自己留點餘地。

地提升自己的能力。愛因斯坦就是一個著名的例子。

這位偉大的物理學家從不擺名人的架子。他的三餐飲食總是粗茶淡飯，衣著也十分簡樸，就連平時推導數學公式時，都隨意拾起信紙，翻到背面便信手運算。

據說愛因斯坦初到紐約時，曾有朋友勸導不修邊幅的他應注意自己的形象，他卻十分坦然地說：「這又何必呢？反正在紐約沒有人認識我。」

過了幾年後，愛因斯坦已經成爲無人不曉的名人，朋友遇到了愛因斯坦，發現他還是一身「流浪漢」的裝扮，又再次規勸他注重形象。

愛因斯坦回答：「這又何必呢？反正在紐約大家都認識我。」

其實，愛因斯坦受人崇敬的原因，不在於他的外表，而在於他的貢獻與親和不羈的態度。所謂「桃李不言，下自成蹊。」只要你憑著真才實學，像一塊璞玉般慢慢透出自己溫潤的光芒，總有一天有人看見你的才華。

學會低調處世，將心力專注於累積實力，你才能不受他人打擾地讓自己成熟。假以時日，當你蓄滿豐沛的能量時，就能一鳴驚人，接受眾人的喝采。

成功並不是打敗別人

真正的勝利，應該是超越自己，讓自己精益求精，而非打敗對手，成為世界第一。

人們常說，「競爭」總是有輸有贏、幾家歡樂幾家愁。但是，競爭並不意味著打敗別人或攻擊對手，有時候期許自己精益求精，超越自己就是一種勝利。

其實，競爭是爲了分出高下、評判優劣，而不是打擊別人。超越對手能讓你了解自己的實力與程度，但擊敗對手只能讓你以負面手段取得快感，卻無法獲得成就感。

別成爲「獨孤求敗」

人們總以爲打敗天下所有的對手，就能從此高枕無憂，成爲世界第一，但卻忘了「高處不勝寒」的道理，就像金庸小說《神鵰俠侶》中的神祕高人「獨孤求敗」，就是一個苦無對手比劍抑鬱而終的寂寞俠客。就像少了周瑜的諸葛亮，人生必定少了許多趣味；湯姆貓若一口吞掉傑利鼠，這部卡通將再無戲可唱。

同理，一個與你實力平分秋色對手，是可遇不可求的，若有幸得之，你應該與之惺惺相惜、互相切磋砥礪，而非處心積慮除去對方。

眞正的良性競爭，應該是幫助對手提高能力，並進一步藉由競爭激勵自己進步，爲自己和對手創造雙贏的局面。以下故事中的老太太正是一位深諳此理的智者。

在荷蘭的某個小鎭中，有位老太太以善於培植鬱金香而聞名。每年她家後院種的鬱金香總是小鎭中最漂亮、顏色最鮮豔的，花商們總是願意用更高的價錢收購她種的鬱金香。

當人們都以爲她肯定不願讓優秀的鬱金香種籽流於他人之手時，出乎意料的是，每年秋天，老太太總是把自己最新培育的優秀花籽分送給左鄰右舍。曾經有人問她：「爲什麼不把種籽保留下來，以維持最優秀的品種，讓自己能以最高的價錢出售呢？」

老太太的回答深具哲理，她說：「如果鄰居們栽種的鬱金香皆使用劣等種籽，春

心靈Update

✦ 期許自己精益求精，超越自己就是一種勝利。

❤ 成長比勝利更重要，你應該超越自己，而非擊垮他人。

天蜜蜂傳播花粉時，就會影響優秀的花種品質，鬱金香品質也會變得良莠不齊。因此，與人分享優秀的種籽也會讓我的花兒開得更好。」

從以上的故事中，或許你就更能體悟到：競爭的目的，是爲了提升整體品質，而不是創造個人的勝利。就像一顆優秀的種籽若被劣質花粉影響，失去良好的大環境，依然無法獨善其身。

站在競爭的最高境界

爲什麼競爭過後，有的人能夠和敵手握手言和，共創未來？有的人卻只能和敵對陣營互扯後腿，結果反被第三者捷足先登呢？這是因爲競爭其實有三個境界：

1.第一重境界：不計一切手段，打敗敵手的惡性競爭

在這種氛圍中，大家互相猜忌、牽絆，人人都認爲打敗別人就意味著自己的勝利，殊不知自相殘殺，只會將團隊搞得烏煙瘴氣，不利個人發展，更有礙整體進步。

2.第二重境界：獨善其身的正當競爭

有些人不關注周圍的爭鬥，只關心自身的發展，因此對外界紛爭不聞不問，只求獨善其身。這樣的人雖然清心寡欲，但因爲孤軍奮戰，所以進步也較緩慢。這樣的人雖然總有一天能贏得勝利，但卻無法突破自己，所以即使前景看好，發展卻有限。

3.第三重境界：雙贏式的競爭

這是競爭的最高層，取得的成果也最深廣。雙贏的競爭意義在於彼此追趕、相互幫助，就像荷蘭老太太，不僅不斷提升自己的實力，也大方地將經驗傳授給周圍的人。

試著將「對手」當成「助手」，與之併肩作戰，才能不斷砥礪自己，讓你不計成敗地勇往直前。因爲眞正的競爭並不是一場戰爭，也不是你死我活的廝殺，而是一場追求卓越的追逐，你的目標不該是打敗別人，而是超越過去的自我。

多一點同理心更受歡迎

多點同理心、設身處地為對方著想，你將更能理解他人的感受。

子曰：「己所不欲，勿施於人。」用現代心理學的角度解讀，就是「同理心」。

同理心指站在對方的立場和角度思考，並且嘗試理解他人的感受。因爲很多時候，我們偶爾會不知不覺勉強他人接受自己不喜歡的東西，例如：自己不願意被束縛，卻二十四小時對情人嚴密監控行蹤；自己不喜歡受人批評，卻習慣挑別人的小毛病……。

理解他人的苦衷

其實，許多不必要的紛爭都來自於缺乏「換位思考」，如果在發怒前我們能仔細思考對方這麼做的原因及想法，也許我們就會對他多點包容。

前幾天收看電視新聞時，從電視螢幕上的跑馬燈中，我看到一則消息：某男子在自家頂樓作勢跳樓，引起鄰居及圍觀民眾一陣驚慌，相關單位已出動大批警消及醫護人員戒備……。

乍看這段文字，我心中不禁一陣嘀咕：「又有人在浪費社會資源了……。」

但是，廣告過後，主播終於開始播報這則新聞。看了報導，我才發現這名家境清寒的男子因爲兒子罹患腦癌，需要服用一種昂貴的新藥以控制病情，但他們申請健保給付卻被駁回，這位心急如焚的父親只好鋌而走險，希望藉此喚醒社會的關注……。

如果不知道這位慈父行爲的背後原因，也許很多人都會和我一樣對他抱持負面評論，但詳細了解後，才發現這是段令人心酸又無奈的故事。

所以，面對任何人事情況，別驟下判斷，訓練自己的同理心，不僅能讓你減少「憤世嫉俗」的性格，更能避免許多不必要的誤會及糾紛，讓你更平易近人。

同理心訓練

那麼，怎樣增進自己的同理心呢？你可以試試看以下幾個方法：

心靈 Update

✦ 訓練自己的同理心，就能減少糾紛。

❤ 改變他人的習慣並不容易，但修正自己的想法卻很簡單。

1. 傾聽與接納他人的想法

不同的成長環境及經驗，就會造成不同的性格及思維模式。因此，每個人處理問題的方式和態度都有著天壤之別。別人的想法常讓你覺得不可理解，甚至不可原諒，但只要敞開心胸傾聽對方的意見，也許你就會多點同情、多點體諒。

誤解是人際交往中的桎梏，想要讓他人理解你，必先理解別人，透過傾聽與設身處地思考，你會發現「家家有本難念的經」，許多不足外人道的苦衷，其實都情有可原。

2. 別執意改變別人的想法

改變他人根深蒂固的習慣並不容易，但修正自己的想法卻相對簡單。

還記得「北風和太陽」的寓言嗎？有時候軟性的

「影響」總是比硬性「強迫」更有力，因此，想要改變他人之前，不如先修正自己的處世態度，讓自己贏得別人的尊重和認可。

3.放下我執

古有云：「毋意、毋必、毋固、毋我。」意思是勸人：不固守己見，不固守成見，不要求事情有怎樣必然的結果，並且學會接受人生中的不如意。秉持這樣的態度看待別人的錯誤或挫折，並接受人和人思想的差距，調整自我反應，你將能坦然對待生命中拂逆，並且在團體中更受歡迎。

因爲眞正的同理心，並非完全地妥協或被他人同化，而是在堅持原則的基礎上，打從心裡體諒和接納他人。學會接受別人的想法，適宜地改變自己的做法，讓更多的人更容易接受你，這就是做人成功的關鍵策略。

收斂個性，別自以為是遭排擠

特立獨行並不代表自我中心，真的隨心所欲必須在「不踰矩」的範圍內。

許多人常會將「展現獨特風格」與「自我中心」劃上等號，其實是大錯特錯的。

盡力展現眞實的自我，是不顧眾人眼光、悠然自得的人生態度，但這樣並不會造成他人困擾，而是眞誠地與他人相處。

但以自我為中心、高傲自大的人通常不理會旁人忠告而堅持己見，甚至妨礙他人，這樣的作法任性而妄為，完全誤解了「自我」的意義。

理直氣和地表達意見

現在的社會是一個相對開放的環境，可以接受各種思想和潮流，許多另類思維雖然不被鼓勵，但也絕不會被「剿滅」。

可是，這並不意味著人們就可以我行我素。

例如：堅持準時上下班，能夠展現一個人對工作的責任感。但如果你是一個報告老是遲交，任務無法按時完成，甚至嚴重拖延同事進度的人，那麼你的「排斥加班」將會惹來天怒人怨。

其實，個性太強的人大多數是任性、桀驁不馴的，這樣的性格將有損你的人際關係。即使脾氣再好的人，都無法忍受一個時常與他人針鋒相對、劍拔弩張的人，雖然有時候勇於發表自己的意見是好事，但是你可以「理直氣和」，換個方式委婉表達，將會讓他人更願意接受你的意見。

許多人常會認爲「妥協」就是迎合他人或失去自我，因此總是誓死捍衛個人權益，並且不惜大動干戈。

其實，一時的妥協並不代表永遠的順從，過度強調個人意見，將會矇蔽你的雙眼，讓你排斥所有正面或負面的建議。

因此，當他人與你意見相左時，你可以盡情表達不同的聲音，但也別忘了耐心傾聽他人想法，也許冷靜地思考後，你會發現他人的建議其實不無道理，甚至隱含著你沒注意到的盲點。

心靈 Update

✦ 勇於發表意見是好事，但是你可以「理直氣和」。
❤ 人生在世，如果學不會妥協，人生就很難和諧。

別爲自己樹敵

無論爲人處世或在工作、婚姻中，如果學不會妥協，人生就無法和諧。

適時地低頭，你才不會動輒碰得頭破血流。如果你總是爲所欲爲，甚至觸犯了別人的利益也不自知，將會讓自己時常處在負面情緒中，並且爲自己樹敵。如此一來，你將喪失許多成功的良機。

「特立獨行」並不意味著「爲所欲爲」或妨礙他人，因此你必須在不侵犯他人權益的前提下，才能充分伸張個人主義。

如果，你發現自己的個性已經阻礙了你的發展，並且影響了人際關係的和諧，那麼你應該思考問題的癥結，並且努力改進，收斂自己的個性。

個性愈強的人愈容易遭受挫折，因此學會平和而緩慢地融入社會、熟悉環境後，再一點一滴表現自我，畢竟先讓眾人接納你，才有生存與發展的空間，你才能盡情發揮自己的才華和魅力，一步步走向理想的高階。

善聽人言，固執己見必吃大虧

根據客觀的事實冷靜判斷這些意見的可行性與真實性，不聽信謠言，更不堅持己見，才能做出最正確的決定。

一個人要成就自我，首先必須相信自己，但是，眞正的智者不僅重視自己的意見，更善於整合眾人的智慧，把別人的思想與優點都變成自己的，才能在複雜的形勢下對世事做出更客觀的權衡與認識。

因此，做事應該有主見，但也要「善聽人言」。大部分的人都肯定「擇善固執」，但是，如果缺乏客觀評斷，又如何確定自己所堅持的是「善」呢？所以對於他人的建議，你應該用心思考，如果對你有益，就應該虛心接受，而非一意孤行。

讓事實說話

其實，所謂「善聽人言」，最重要的並非採

納他人的意見，而是在訓練自己在面對各方建言時，必須先弄清楚以下問題：與他人意見相左時該怎麼辦？如何整合不同的意見？釐清上述問題後，才算「善」聽人言，讓你在雜亂茫然的選項中理出一絲頭緒，做出最正確的選擇。

1. 與他人意見相左時怎麼辦？

首先，你必須堅持己見，然後尋找能支持你的想法的理由，找到的理由愈多，你就能愈客觀地分析事理，有愈多的事實根據幫你做決定。

但是，若與你持相反意見的人找到了更多理由和事實以反對你的意見，說明你做的決定正處於極大的矛盾中，既有很大的可行性，又有極大的風險。此時，你必須衡量這些選項中，收穫和風險孰多孰少？你是否能承受？或者遇到阻礙後是否有備案可挽救頹勢？

如果感覺自己的決定欠妥時，你必須要更加謹慎，聽取更多人的意見，不要盲目的「少數服從多數」，但也不必堅持「眞理掌握在少數人手裡」，而是「認眞地說實話」，用最謹慎的態度處理高風險的事。

心靈 Update

✦ 你應該拋棄成見，靜心思考他人提議的可行性。

❤ 有時候最刺耳的話語，也許才最受用。

2. 如何整合不同的意見？

俗話說：「一樣米養百樣人。」每個人對事情都有不同的看法，也許你決定某件事的時候，周遭親友都會透過不同角度反映他們的意見。

面對猶豫不決，你必須確定一個最終想要達到的目標，擬訂大方向後，再以此爲出發點，採納有益於自己的建議，切勿讓過多缺乏建設性的意見亂了陣腳，而讓自己與目標背道而馳。

有時候，我們總是下意識對反對意見有所防備，甚至拒絕接受他人苦口婆心的勸諫，但有道是「忠言逆耳利於行」，有時候最刺耳的話語，也許才最受用。因此，你應該拋棄成見，靜心思考他人提議的可行性，千萬不要一味否定。

三個臭皮匠往往能勝過一個諸葛亮，集思廣益、招賢納諫往往比閉門造車簡單且成功。因此，無論做任何事，我們都不該固執己見，如果別人能夠提出更好的方法，不妨欣然聽取不同的意見。

古代的賢士與明君身邊都有眾多「謀士」，如唐太宗時的魏徵、明太祖朱元璋時的劉伯溫，甚至是戰國時期的孟嘗君，也擁有一群「雞鳴狗盜」之徒。雖然我們無法像這些古人一樣「養士」，但你可以虛心聽取身邊親友的意見，聚集了更多的智慧，將事情處理得更加完美。

固執己見的人行事往往左支右絀，唯有讓自己更加成熟與圓融，才能成爲一個八面玲瓏、心思縝密的人，最終才能體會「三人行，必有我師」的涵義。成熟的人既不聽信謠言，也不會堅持己見，讓世事按照客觀規律運行，才能降低錯誤的機率，提高讓夢想成功的可能性。

與其嫉妒別人，不如肯定自己

善妒的人往往存在著自卑心理，因為他們不相信自己能超越勝利者。

嫉妒是人類的天性，對於成功的人，大多數的人都對他懷著一種天生的敵意，無論這個人是否與你有直接利益衝突。這是人類與生俱來的缺陷，每個人都不能免俗，當然，也有人能眞誠地對勝利者表示恭賀，但這不是因爲他們天生大度，而是他們努力克制「本我」，讓原始的慾望與情緒完善地隱藏。

不過，面對他人的成功，如果你總是一味地嫉妒，卻不努力迎頭趕上他人，那麼這樣的情緒對你將沒有任何幫助，反而讓你變得面目可憎。與其無謂地嫉妒別人，倒不如盡力克服這些不良情緒，並且相信自己能以對方爲目標，一步步邁向成功。

嫉妒來自於自卑

其實嫉妒心強烈的人，心底往往存在著自卑。他們看著別人取得勝利，卻又下意識認定自己無法超越對方，心裡當然很不是滋味。而對自己充滿自信的人，嫉妒心往往相對較弱，因爲他們肯定自己也能夠像對方一樣優秀，只不過時候未到，等待時機成熟時，他取得的成就將會更受矚目。有了這樣的自覺，他們當然不會羨慕別人一時的榮耀。

其實，做好自己比和別人比較更有意義，理智的人不會輕易嫉妒別人，因爲他們知道自己需要什麼，清楚自己的目標與最終將會得到的報酬。只要對自己的未來胸有成竹，那麼對別人得到的東西就淡然了。

有些人因爲不清楚自己想要的究竟是什麼，因此總是追逐於「別人的夢想」。當眾人追捧偶像明星時，他們認爲「紅極一時」就是人生的終極意義；當大家崇拜那些億萬富翁時，他們又認爲「家財萬貫」才是生命的意義。不斷地追隨他人的腳步，不停地替換人生目標，雖然用盡心力，他們生命仍然是虛幻的、空乏的。

其實，終其一生，每個人都有機會站在鎂光燈下，成爲眾人中唯一的主角，接受周遭羨慕的眼光。因此，只要你願意付出汗水，將所有的精力都放在充實自己，而不是和別人一較高下上，你也可以是舞台上最耀眼的明星。

嫉妒只是徒增煩惱

其實，對輸贏斤斤計較的人，只不過爲自己徒增煩惱。因爲無論輸贏，你的能力與對方的實力都未曾增減，唯一不同的，只是你的心態更不平衡了。

在賽跑時，跑得最快的，絕不是那些左顧右盼深怕後者追上自己的人；而是那些專注於自己的腳步，以最快速度在自己跑道上衝刺的人。因此，眞的勝利是相信自己，並且將精力放在超越自我的人。

因爲嫉妒將會扭曲一個人的身心健康，甚至影響你的學習和工作。懷著憤怒、羨慕、憎惡與屈辱等複雜情

心靈Update

- ✦ 理智的人不會嫉妒別人，因為他們知道自己需要什麼。
- ❤ 培養正向情緒和積極的心態，才能抑制不成熟的想法。

緒的人，將無法平心靜氣對待自己的學習和工作，如此一來，你將可能在下次競爭中再度被打敗——因爲當別人放下過去而努力向前時，你卻心有不甘留在原地踏步。

不僅如此，善妒的人還可能結交不到知心朋友。嫉妒心強的人往往事事好勝，甚至想方設法阻止別人發展，因此總是懷著「酸葡萄心理」挑剔比自己優秀的人。這樣的人會讓朋友、同事對你避之唯恐不及，讓你陷入孤獨與寂寞。

而失去朋友的你，將會更加孤立無援，進而以更加消極的眼光看待世事，週而復始地重複著惡性循環……。

其實，無論年紀多長，人們的心理仍然存在著許多幼稚的想法與觀念，所以，你應該培養自己的正向情緒和積極的心態，才能夠抑制不成熟的想法，讓自己離成功愈來愈近。與其嫉妒優秀的人，不如努力讓自己變得更加優秀。

親愛的，千萬別讓負面情緒和消極的比較心理消耗你的精力了！只要相信自己、肯定自己能成爲最優秀的人，你將會有所成長，不僅超越他人，更超越了原本的你。

十二星座的交友盲點

★白羊座（3／21～4／19）

熱情的白羊座喜愛主動結交朋友，只要一時意氣相投，好像都可以結交成拜把兄弟，或許你是把別人當兄弟，但別人不一定領這個情，雖然你總是爲朋友義氣相挺，但等到你需要時，他們不見得和你一樣有義氣。

★金牛座（4／20～5／20）

金牛座會重視自己成長歷程中，陪伴自己的好朋友，但出社會後，有時候爲了安全感，在人群中過度地保護自己，反而失去交到知心好友的機會。

★雙子座（5／21～6／21）

雙子座交朋友只顧及感官刺激，跟這個人出去玩開不開心、這個人有不有趣，成爲他的交友守則，但有時後難免交到一些酒肉朋友，倒不如多接觸腳踏實地的朋友，對你的人生比較有正面的幫助。

★巨蟹座（6／22～7／22）

巨蟹座交朋友完全憑直覺，別人多關心你一下，你就覺得這個人好好喔，而傾心相交，卻看不見別人背後的心眼，也因爲你缺乏安全感，無時無刻尋找慰藉，小心這樣就被別人利用了！

★獅子座（7／23～8／22）

獅子座有不甘寂寞的個性，所以交朋友最喜歡呼朋引伴，而且特別喜歡專門拍你馬屁的朋友，別以爲自己高人一等，切記朋友沒有強勢弱勢，只有眞心與不眞心之分。

★處女座（8／23～9／22）

處女座交朋友有許多原則問題，所以往往因交友的狹隘而讓自己的眼界也越來越窄，其實律己甚嚴的你根本不用擔心會交到壞朋友，不如多多開放自己去接受新朋友吧！

★天秤座（9／23～10／23）

天秤座看起來很多朋友，似乎走到哪裡都有人和他打招呼，但對人和氣的天秤，其實眞心好友可能根本沒幾個，建議天秤座多用眞心和他人交朋友，才不流於表面的社交，人前歡笑，人後寂寞。

★天蠍座（10／24～11／22）

天蠍座常常把人際關係搞得太複雜，覺得別人跟他交朋友都是基於某一種目的，而且很容易因爲朋友不合己意，就認爲別人背叛他，失去交往眞心朋友的機會，其實有時候只是忠言逆耳，多接受一點不同的聲音，可能對方只是想表示對你的關心而已，何必臭臉以對。

★射手座（11／23～12／21）

射手座也是屬於交友廣闊的一員，他們待人熱情而慷慨，容易受人喜愛，但是有點大剌剌，不喜歡受到拘束的個性，要愼防講話太過於坦率，在無意之中得罪人，經常會哪壺不開提哪壺，好奇心重而且不專情，他們也不喜歡太黏膩的親密關係。

★摩羯座（12／22～1／19）

摩羯座個性溫和體貼，雖然不怎麼善於言辭，但是穩健踏實，是非常值得信賴的朋友，缺點是交友態度不怎麼積極，這可能跟他是個謀定而後動的人有關，對於初相識的朋友也許存有太多的猜疑與防備心，有話不願當面講而顯得有些不盡人情的冷漠。

★水瓶座（1／20～2／18）

水瓶座重視人權與自由，不喜歡受拘束也不願干涉別人。他們講道理，善於分析，也善於辯論，交友態度是屬於「有點黏又不太黏」的那一類，喜歡參與朋友的聚會哈啦，但不會跟人吐露心事，是重視隱私的人，能推心置腹的朋友也不多。

★雙魚座（2／19～3／20）

雙魚座對於朋友的煩惱不會坐視不管，也因不想得罪人而容易附和別人的意見，顯得缺乏自我，意志不夠堅定，時常濫用感情而使自己陷入為了幫助別人，反而泥菩薩過河，自身難保的境界。

人生而不平等，這是不可抹滅的現實。

但一時的優勝劣敗，並不能保證終生的成就。

認清眼前的限制，才能尋求跨越的方法，

而不會困在自我良好的迷魂陣之中，

風水輪流轉，能不能時來運轉，就看你是眼高手低還是腳踏實地。

Y o u r s e l f

Chapter 6

認清現實，
轉動每一把啓動夢想的鑰匙。

Live to be

世上沒有絕對的公平

很多時候，我們在乎的不是世界是否公平，而是我們總是處於弱勢。

常會聽到身邊的朋友大嘆老天爺太不公平了、世界太黑暗，或者人性太複雜。但是，仔細思考，如果世界真的公平了，你是否就滿意了？

其實很多時候，人們在意的從來就不是這個世界是否公平，而是這個世界往往讓自己處於弱勢。說穿了，我們追求的並不是真正的「公平」，而是希望上天存有私心地多照顧自己一點。

你在意的是「虧待」而非公平

如果某天好運的天秤向另一端傾斜了，而我們變成既得利益者，相信你就會乖乖閉嘴，甚至稱讚上天的偏心是「老天有眼」。以下故事就是一個最佳心證。

某個月底，拿到公司發的薪資條時，許多員工都發現自己的薪資明細上多了幾十塊至一百塊，但是大家卻不以爲意，認爲也許是自己核算錯了，或者哪天加了班卻不記得了，因此沒有人去找經理要求退回多發的錢。

又過了一月，收到薪資條時，有人卻發現這次薪資明細上少了幾十塊錢，一問之下，才發現所有人的薪水總額都短少了。大家都按自盤算著：「一定是會計弄錯了！」於是大家推派了幾位能言善道的代表去找經理反應此事。

待代表們說明原委後，經理嚴肅地看著他們問：「你們都覺得非常激憤嗎？你們是因爲會計算錯了帳才找我反應？還是因爲少發了薪資才找上我？」

「如果我沒記錯的話，上個月的薪資裡，你們每個人應該都多領了幾十塊錢，當時爲什麼沒人立即反應會計算錯了帳？」

「其實，這次事件是我故意的，此次短少的薪資可以補發給你們，但是，我希望你們記住：人們在意的往往不是公司對你們是否公平合理，而是有沒有虧待你們。如果你總是忘掉自己得到的好處，只記得自己吃虧的部分，那麼你們將會讓自己陷在憤恨不平的情緒裡，而忘了工作的意義。」

經理這一番話，讓這些代表啞口無言，甚至慚愧至極。的確，如果我們總是將焦點放在他人虧待我們的地方，那麼我們只會看見缺陷，只會讓自己怨天尤人，卻無法改變目前處境。

學會知足與感恩

其實，這個世界上沒有絕對的公平，唯有知足與感恩、把握當前自己擁有的一切，你才能體會幸福的意義。

一個懂得感恩的人，應該將所有精力放在改造自己心靈，改造這個環境上。無論公平與否，你都應該面對現實，接受上帝的安排，只有坦然接受一切，你才能真心擁抱應該珍惜的人事物。

世上沒有絕對的公平，努力不一定能得到回報，但

心靈 Update

- ✦ 這個世界上並沒有絕對的公平，只有是否懂得知足的人。
- ❤ 努力不一定能得到回報，但不努力就絕對無法成功。

是不努力就絕對無法成功。因此，當你抱怨上天、埋怨生不逢時的時候，你應該捫心自問自己是否盡力了？是否曾全心全意爲心中的夢想努力過？

親愛的，憤怒與埋怨都無法成爲你上進的力量，反而會產生毀滅性的後果。人生的意義在於爲心中的理想而奮鬥，唯有充實人生，你的生命才能活得有價値、有意義，你才可能被更多人認同及尊重，這才是天底下最大的公平。

你要當富爸爸，還是窮爸爸？

學習富人的處世哲學及理財觀念，才能以最快的速度致富，讓自己心靈富足、存款豐厚。

爲了維護自己的自尊，我們往往對充滿「銅臭味」的權貴嗤之以鼻，甚至高喊：「不爲五斗米折腰。」其實，孟子曾說過：「衣食足而知榮辱。」；心理學家馬斯洛（Abraham H. Maslow）的「需求理論」也說明了人類必先滿足基本的生理、安全等需求後，才會進一步思索人際關係與自尊、自我實現等欲望。

也就是說，一個人必須先照顧好自己的經濟狀況，才有餘力維護自尊發展更高的理想。所以，無論你多麼鄙棄萬惡之源——金錢，你仍然不得不向它學習，而吸收富人的處世哲學與理財觀念，通常是幫助你走向夢想之路最實在的台階。

培養富有的觀念

當然，與富人學習並非攀附權貴，而是不排斥「上流社會」的朋友，以最近的距離審視富人的思維與觀念，並且學習他們對待金錢的態度，學習他們的社交方法，因爲想讓自己變得富有，你必須先培養「富有」的觀念與態度，才能招財納福。

如果你目前的經濟狀況十分拮据，這還不值得擔憂，但如果你周圍都圍繞著常常捉襟見肘的朋友，那麼就要小心了，你召喚的「貧窮」能量，會阻礙財神靠近你。其實，貧窮並不是罪過，但你的交友觀點和創造財富的觀念若非常迂腐落後，就是你的錯誤了。因爲一個人擁有財富與否，不僅僅取決於個人的才能，更重要的是他的人脈。

向眞正富有的人看齊

當然，「貧窮」和「富裕」並非指單純的財務狀況，舉凡經濟狀況、理財觀念、處世態度與精神狀況都正向而健全的人，就能稱爲「富有的人」。

心靈 Update

✦ 一個人必須先照顧好自己的三餐，才有餘力維護自尊。
❤ 想讓自己變得富有，你必須先培養「富有」的態度。

因此與富人爲伍，不僅指與有錢人爲伍，只要對方樂觀上進，或想法具有創造性等，你都可以多多親近他們。俗話說：「近朱者赤，近墨者黑。」只要多與這些朋友交往，你的觀念與處事態度等將會有長足進步。

那麼，與富人爲伍，究竟該向他們學習什麼？

其實，最重要的，是學習富人們正確的理財觀念。越是富有的人，通常過得越儉樸，因爲他們重視自己賺的每一分錢，不輕視任何一份有價值的事。此外，你還可以學習他們開源節流的技巧、學習他們面對金錢時坦然的態度。

不僅如此，你還可以讓自己感染富人快樂積極的心態與不斷進取的精神，全心地投入工作、熱愛生活，只要學會以富人的眼光看待世事，很快地，你的心靈將會變得富足，財富也就自然而然地積少成多了！

大凡成功人士都會有過人的見解，如果能把這些觀念移植到自己身上，你將會進步神速。有道是「學乎其上，僅得其中；學乎其中，僅得其下。」因此你必勤於向頂尖人物學習，才能讓自己成爲最優秀的人。

把握更多的機會，努力躋身「富人」之列，雖然你無法一夕致富，但只要你的觀念扭轉，總有一天會找到屬於自己的致富之道。

適合你的工作，就是最好的

只有想清楚你想要的到底是什麼，才能夠更熱情地參與其中。

什麼樣的工作算是好工作呢？不同的人可能有不同的定義，有的人認爲能夠爲自己帶來成就感的工作就是好工作；而有的人可能就覺得高薪的工作才是好工作；有的人則覺得能夠爲自己的生存帶來足夠的保障，同時又有足夠的空閒時間來讓自己休閒才算是好工作。

每個人對於工作的認知是不一樣的，因此會產生不同的需要，有人只把工作當成一種生存的手段，有人卻把工作當成一種興趣愛好，工作對於每個人的價值和意義都不一樣，因此每個人對工作的需要也是不一樣的。

工作對你而言最大的意義？

自己一定要先釐清工作對於你的意義到底是

什麼？你到底追逐的是工作帶給你的保障還是眞正的熱愛工作；喜歡的是工作時自己的充實感，還是職位上的權威感；你工作出色是爲了表現自己，還是單純想把事情做好而已。

只有想清楚你想要的到底是什麼，才能夠更熱情地參與其中。就像鞋子之所以好，是因爲舒適合腳，而不是昂貴，職位、工作之所以好，在於它適合你，而不在於薪水多少、社會地位多高。

如果一個人爲了所謂的權力，或者那份工作所代表的社會地位，爲了薪水，而讓自己從事能力所不能及的職位，那麼他眞的會很痛苦。所以不要在還沒想清楚以前就忙著跳槽，不要因爲和同齡人的比較，而失去了讓自己原本感覺很舒適的工作環境。

此外，還要認清一點現實：對於別人適合的，未必適合於你。只要工作環境令自己滿意，在工作上又有成就感，同時又能夠學到一些東西，就應該安心地持續深耕，而不要胡亂跳槽。

人們爲什麼會對自己的工作不滿意？難道眞的是薪水少到讓你生活出現問題嗎？難道眞的是工作壓力大到你無法承擔嗎？難道眞的是工作毫無挑戰性，毫無收穫嗎？

心靈 Update

✦ 對於別人適合的工作，未必就適合你。

❤ 很多時候並不是工作出了問題，很可能問題在自己身上。

很多時候年輕人跳槽不是因爲他們不滿意，而是他們在過度比較後，心生抱怨。

心態對，也會遇到對的工作

我覺得重要的不是跳槽與否，而是要學會調整自己的心態。在抱怨工作環境的時候，想一想自己目前的條件是否確實可以得到更好的工作，如果你自己都覺得心虛的話，那麼，要求加薪、跳槽的事不妨緩一緩。能夠在崗位上提升自己的能力才是重要的，只要你對公司的貢獻到了一定程度，相信會有適合的職位等著你去做，甚至不用你跳槽，別的公司已經在覬覦你這個人才了。

有一個小故事也許會給你更多的啓示：有個太太多年來不斷抱怨對門的婦女很懶惰：「那個女人的衣服永遠洗不乾淨，看！她晾在院子裡的衣服，總是有斑點，我眞的不知道，她怎麼連洗衣服都洗不乾淨……。」

直到有一天，有個實事求是的朋友到她家，才發現不是對面的女人衣服洗不乾淨。細心的朋友拿了一塊抹布，把這個太太的窗戶上的灰漬抹掉，說：「看，這不就乾淨了嗎？」原來，是她自己家的窗戶髒了。

所以，人們很容易看到別人身上的小瑕疵而心生抱怨，可是卻很難發現自己身上嚴重的錯誤，如果你是那些時常跳槽卻總是不滿意的年輕人之一，你可能就要審視一下自己了，到底是你眞的倒楣總是碰到差勁的工作，還是你自己身上有著難以更正的缺陷？

什麼樣的工作是好工作？適合你的就是好的，如果你總是找不到適合自己的工作，過於頻繁地跳槽，很多時候並不是工作出了問題，而有可能是自己出了問題。找到自己對工作的意義，就能找到一個適合自己的工作，你會發現踏踏實實地享受工作的熱情和樂趣，是一件很快樂的事情。

不要輕易放棄，只差一步就能成功

問題肯定會出現，我們首先要想的是解決之道，而不是逃避。

對於剛剛進入職場的年輕人而言，可能有很多不適應的地方，有很多煩心的事，但是，我希望每一個對工作不適應的人都要再堅持一下，不要輕易放棄，因爲跨過工作中的不適應，就是一種成長。

迎接階段性的成長

人生總有階段性的過渡時期，例如從幼稚園轉小學的階段，從玩樂中的學習轉爲枯燥的系統學習肯定不能適應；現在從學習的環境，轉換爲一個競爭工作的環境肯定也不能很快適應；將來我們還會面對和另一個人共同生活的環境，從排斥走到互相吸引，彼此磨合，那更是一個漫長的過程。

我記得有人曾經說過：「問題肯定會出現，我們首先要想的是解決之道，而不是一味逃避。」所以，與其繼續逃避，不如站起來解決難題。

我想「辭職」也是一種逃避的態度，世界上並沒有完全符合你理想中的工作。如果你不能解決不適應的情況，你不能融入競合又競爭的團隊，或者無法適應更多的工作壓力，那麼換一個工作環境並無更大的助益。

工作可以重新開始，可是心態並不能重新開始；也許在婚姻中你還可以找到無限包容你的人，可是周圍的同事不可能無限包容你。

所以，對於工作中出現的種種不如意，如果想要學會成長，就必須要找尋問題的解決之道。

如果是工作壓力太大，就只能提升自己的能力，加快自己學習的速度，或者偶爾加班跟上進度；如果感覺應付不來同事間的競爭，就應該向人緣好的朋友多學習一些與人相處之道；如果覺得被同事們忽視，就應該多一些互動，不要獨來獨往，多多和同事們交談請教；如果覺得自己被大材小用了，就應該多做出一些貢獻，增加讓上司看到你的機會。

心靈 Update

✦ 堅持下去是解決問題唯一的方法。

❤ 要想著如何讓別人接納你，而不是你能接受什麼樣的人。

堅持下去是解決問題的唯一方法，你也許無法選擇工作，但可以選擇態度，如果明白無論走到哪裡，你面臨的環境其實都是大同小異的；無論轉到哪個單位，這些問題都是需要解決的，相信你打算跳槽的時候就會變得謹慎一些。

成功是留給努力到最後一刻的人

社會這個戰場，其實更多時候是進行「持久戰」，那種在一氣之下放棄戰場，或者另闢戰場的人，最終將敗給那些始終堅持的人。跨過適應階段，你就取得了人生的第一個成功。

無論以後是否會跳槽，是否會留在這個公司，適應工作與生活就是一項挑戰，也是一個勝利。只要學會了融入社會人群的技巧，學會了如何和同事在競爭中雙贏，共同求生存，求進步，學會了怎樣保持對工作的熱情，取得工作進展，這就是一種成功。

在工作中，值得學習的不僅僅是專業，能夠讓你進步的，不僅僅是能力，還有精神上與智識上的提升。僅僅為了薪水，或僅僅因為自己的情緒不愉快，而另謀高就的行為是非常幼稚的。如果老是猜想哪些人你討厭，哪些人與你志趣相投，那麼你就錯了，要想著如何讓別人接納你，而不是你能接受什麼樣的人。這是進入社會的第一課，如果能夠學得會，你就獲得成長的果實。

人生就是一次又一次的跨越，這些跨越，跨過的不是環境的阻滯，而是自己的心態，戰勝了自己，就是一種成長，就是一種成功。在日後回顧以往的時候，你會對自己今天作出的努力，作出的決定感到更肯定，因為你比那些選擇放棄的人，又多前進了一步。

跟對人比做對事重要

在找工作時，不只是主管在面試你，同時也是你面試主管的一個機會。

對於車子性能有研究的人，一定都會有同一種感受，就是：當一個駕駛技術好的人，開一台藍寶堅尼，就能發揮出跑車的實力；但如果換作一個平常開慣轎車、房車的人而言，即使你送他一台法拉利，他開起來還是和開房車沒太大的差別，甚至還會覺得難以操控。做人也是如此，你能夠取得多大的成就，不僅僅取決於你個人有怎樣的能力，還在於領導你的人有怎樣的能力？他能取得多大的成就？他的人品怎樣，跟著他，你是否能夠得到有所收獲？

想想你剛從學校那個相對寬鬆的環境，進入了社會這個競爭嚴酷的環境，如果有一個好的上司來帶你，要比你自己摸索更容易。

所以在找工作時，不只是主管在面試你，同

時也是你面試主管的一個機會，你應該選擇一個能夠帶著你成長、突破的人，而不是一個作風守成、思想僵化的人。

就像是當群星跟著太陽，他們都默默隱入了太陽的光芒之下；群星跟著月亮，月亮反而讓他們看起來更明亮動人。同樣的道理，你一定要選擇那些能夠讓自己更傑出的人，因爲跟在他們的身邊，才能看起來更加耀眼，更加優秀。

跟在對的人身邊，才不會浪費時間

這是一種世俗的想法，可是這種想法能夠讓你更快實現自己的人生價值。那麼要跟著怎樣的人，才能把自己的人生帶到更高的高度呢？

1. 目光遠大的人

目光遠大的人通常都有先見之明，對市場有敏銳的洞察力和高瞻遠矚的智慧。

跟著這樣的前輩，不但能夠增進見識，提高做事能力，還會讓你隨著公司一起成長，最終成爲像他一樣高瞻遠矚的人才。

所以，跟著怎樣的人做事，不僅僅是在考驗老闆的眼光，同樣也是在考驗你自己的眼光。

當你選定了一個行業，你不可能直接跟你的老闆有什麼接觸，但你肯定對公司文化，周圍環境有一定的感應，從這些細微之處就能夠看出一個主管的視野。

2.跟隨能夠讓自己成長的人

一個人是否能夠成長，一半要靠自己的能力，一半要靠帶你的人，一個好的領路人，將帶你走向成功的巔峰。

有人不是說：「師父領進門，修行靠個人」嗎？但如果師父把你領進了「歧途」呢？上司不理你不要緊，最怕的是好心帶錯了路。但如果你遇到一個公司高級主管和下屬都認可的上司，就是一個不錯的選擇。

3.做事積極熱情的人

積極的態度能夠改變你的人生軌跡，決定你人生的成敗，和什麼樣的人在一起，就會有什麼樣的人生，何況是你的上司呢？

「人是唯一能夠接受心理暗示的動物。」積極的暗示對人的情緒會產生良好的影響，繼而影響到你的工作效率和情緒。

心靈Update

✦ 人是唯一能接受心理暗示的動物。

❤ 主管不理你不要緊，最怕他雖熱心卻帶錯路。

如果整天和一個滿腹牢騷，鬱悶不得志的上司在一起，他的負面情緒就會在不知不覺中影響到你，在這種低氣壓下工作，需要抗壓性更強的心臟，還需要極強的陽光心態。不過，最好的辦法，就是離開那個整天「鬱鬱不得志」的主管。

4.一個賞識你的，品格高尚的人

一個好的上司不僅會在工作中指導你、幫助你、督促你，爲你的發展提供機會、環境和資訊；你也會受到其思想觀念的啓迪和潛移默化的影響，這將是你晉升的最快路線。

再者，被人賞識的感覺能夠幫你發揮最大的潛力，讓你取得更高的成就。「士爲知己者死」，因爲被人肯定的感覺能夠激發人們無窮的力量。所以一定要選擇一個賞識自己，能激發自己才能的人，做你的上司或者夥件。

所以，「跟對人比做對事更重要」，你一定要記住這句話，做錯了事還能改，跟錯了人，想翻身都難。如果你能儘早找到一個能和你相輔相成的人，就能盡快達到人生的巔峰。

別好高騖遠，現實需要腳踏實地

懂得從小事中學習的人，才值得託付更重要的任務。

現實社會其實是需要腳踏實地，踏實做事的人，尤其剛出社會的人，一無工作經驗，二無人脈關係，如果總想著一鳴驚人，那麼註定就要遭遇挫折。可是有些人不肯從最基本的小事做起，總想著遇到一個絕好的機會，自己能夠成就一番大事業，於是一次一次與可能成就自我的機遇擦肩而過。

人有抱負是好事，但是如果不屑於從身邊的小事做起，你就永遠不會做大事，也做不成大事。事實上有很多公司都特別重視新進員工面對基層工作的態度，認爲一個能從小事學習的人，才值得託付更重要的工作。

心靈Update

✦ 如果不屑由身邊的小事做起，你就永遠不會做大事。

❤ 用時間為自己創造複利價值，你的前途將無可限量。

小事不做，大事無望

福特汽車公司的創辦人亨利．福特在發跡以前曾有一段不爲人知的經歷。那時候他剛剛大學畢業，去一家汽車公司應聘，和他一起應聘的人都比他學歷高，所以他覺得自己希望不大。

輪到他的時候，他敲門走進了辦公室，但卻看見辦公室門口地上有一張紙，於是他彎腰撿了起來，發現是一張垃圾紙，便順手把它扔進了廢紙簡裡。然後進到董事長的辦公室，向他簡單自我介紹了一下。

董事長說：「很好，很好！福特先生，你已被我們錄用了。」

福特驚訝地問他原因，董事長說：「福特先生，前面幾位的確學歷比你高，且儀表堂堂，但是他們眼睛只能「看見」大事，而「看不見」小事。我認爲能看見小事的人，將來自然看到大事，一個只能看見大事的人，他會忽略很多小事。所以，我才錄用你。」

董事長的預言沒有錯，憑著踏實肯做的精神和注重一切環節的習慣，福特日後創辦了以自己名字命名的美國福特汽車公司。

俗事往往就是這樣，看起來很平凡的一件事，只要你願意持續地去做，就變成了偉大的事業。如果你總幻想做大事業是怎樣一番格局，其實他可能和你的職業一樣無趣和瑣碎，一定要按規則操作，並不像你想像的那樣驚天動地。妄想一鳴驚人固然是不可取的，對於未來事業的過度幻想更是一個人浮躁的根源。

當你把目標定好以後，就要按部就班地去實現它。如果你不顧實際情況，妄想一步登天，那麼你註定會跌得很慘。

成熟的人懂得用理智的眼來看待平凡的小事，懂得想要成就偉大的自己，就必須把自己的基數變小，用時間爲自己創造複利價値，最終你將無可限量。

十二星座的圓夢關鍵

★白羊座（3／21～4／19）

每分每秒，白羊座的腦子裡都是新的計畫。你對於未來有太多的想法；有時甚至會爲了賺錢而讓自己處於極度忙碌的狀態。工作一旦點燃火，就無法熄滅。如果尚未遇到有緣的貴人，只要你能稍稍調整步調，就會發現身旁有許多被忽略的機會。

★金牛座（4／20～／20）

金牛座只要勤於工作，進帳情況就能夠豐收，但不應該把金錢當成你人生的唯一重點，當心因小失大。你的人生因爲細心經營，所以不容易有什麼遺憾，只是感情部分有些缺少，因爲你或許很會做事，但不見得懂得做人，所以常常疏忽朋友、同事心中的感受，只要多一點溫情，你的人生會更圓滿。

★雙子座（5／21～6／21）

雙子座能言善道的形象，深植人心，但要如何建立專業形象，反而就成爲一個人生的課題，也是雙子們朝人生巔峰挺進的一個關鍵，如果你能將自己彈性的應對技巧運用在人際關係、工作領域上，不要過度率性而爲，就能用很短的時間解決問題。

★巨蟹座（6／22～7／22）

巨蟹座極端地敏感，有時後往往會曲解他人之意，工作中因爲這樣而造成的誤會尤其多。巨蟹座得學習不要「拒人於千里之外」，當與人發生爭執時，應該要有和人溝通的誠意。就算自己所提出的計畫構想沒有獲得他人的支持，也不要一直放在心上。衝突是造成你喪失機會的主因，請不要再把心事憋在心裡了，放開胸襟吧。

★獅子座（7／23～8／22）

縱使獅子座再多才多藝，如果獅子座再繼續點燃著你高漲的氣勢，當心有一天會被自己引發的大火，燒得體無完膚。獅子座想當領導者的雄心是眾人皆知的，但往往時候還未到就先發制人。其實表現欲強的獅子座，工作中常會有不錯的收穫，只要獅子座一擺起架勢，就足以具有專業的權威感。但他們往往會為了顧及顏面問題而掩飾內心情緒，儘量展現氣度與涵養，對你的事業較有助益。

★處女座（8／23～9／22）

由於處女座做事擅長分析，甚至連感情方面也是長於計議。在缺乏永續經營的概念之下，精明的處女座難免會顧此失彼了。如果說要讓事業有所起色，處女座就要下定決心，才能夠掌握住稍縱即逝的機會。默默付出有時並不會獲得對等的回應，如果在事業或情感上，處女座這麼在乎同伴的感受，就請直接表達出你的誠意。

★天秤座（9／23～10／23）

天秤座希望獲得人群的認同，有時情緒傾向於表面文章，其實你嘴裡說的有時和心裡想的是兩回事。你的交際能力很強，也因為廣交朋友而讓你無形中增加不少人脈，但有時也會因此而造成人際困擾。

你最常受傷的方式是被人牽著鼻子走，如果你是真正想要反擊，就應該拿出你的主見，勇敢說「不」。

★天蠍座（10／24～11／22）

對天蠍座來說，當你下定決心要做的事，往往都是重大的決定；有些甚至不是出於你的意願，而是受到情勢所逼。懂得權衡輕重的天蠍座，無論是事業或是愛情，往往會在「戰役」中得到了你所想要的，錢賺得尤其比別人多。但脾氣火爆的天蠍座，當心在關鍵時刻把事情搞砸，和別人爭執時，多少替人留一點尊嚴吧。

★射手座（11／23～12／21）

在工作中射手座無法在一個固定的職位做太久，辭職、跳槽對射手座來說，是追求自我理想的必要過程。如果射手座想逃離自認為早就待不下的地方，只要有準備啓程遠行的好心情，就能夠享受放開一切的極度自由。人生中如果有什麼讓射手座放不開的，可能就是錢吧，畢竟得多留點錢在身邊，才能讓射手座有本錢飛得又高又遠。當射手座追求刺激時，請注意安全，太過隨興的你，只會讓許多人爲你捏把冷汗。

★摩羯座（12／22～1／19）

如果摩羯座在工作中，只是爲了自己莫名的堅持，而與同事僵持冷戰，那眞是非常不智的行爲。即使到目前爲止，摩羯座並不會對自己的決定感到後悔，但摩羯座在事件中所表現出的那種「不能溝通」的固執形象，已經浮現出「負面」的影響。事實上，摩羯座的工作運勢原本是可以更好的，如果過於固執就只能夠以平淡收場了。

★水瓶座（1／20～2／18）

水瓶座就是因爲自己的想法太多了，而常常被人冠上了「難搞」的罪名，其實水瓶座是個再好相處不過的人了。你不滿意自己在工作上的表現嗎？不妨讓自己多一點包裝吧，水瓶座該懂得什麼叫行銷吧，即使對你來說有點爲難，但偶爾也要順應一下潮流，才不會太早被市場淘汰。水瓶座的生活重心不要只顧自己死活就算了，要多擺在社團與朋友身上，放點心思回饋關愛你的人。

★雙魚座（2／19～3／20）

雙魚座是富有同情心沒錯，但偶爾也要試著「同情」一下自己，想想看工作中的你，是不是又因爲太過濫情而讓自己受了一些委屈？當別人踩著你的頭上去，你應該生氣的，並且提出反擊！雙魚座溫情且極富同情心，如果受到傷害，要學習表達自己的想法，人生才能達到眞正的圓滿。

我們改寫了書的定義

創辦人暨名譽董事長　王擎天
總經理暨總編輯　歐綾纖　　印製者　家佑印刷公司
出版總監　王寶玲

法人股東　華鴻創投、華利創投、和通國際、利通創投、創意創投、中國電視、中租迪和、仁寶電腦、台北富邦銀行、台灣工業銀行、國寶人壽、東元電機、凌陽科技(創投)、力麗集團、東捷資訊

◆台灣出版事業群　新北市中和區中山路2段366巷10號10樓
TEL：02-2248-7896
FAX：02-2248-7758

◆北京出版事業群　北京市東城區東直門東中街40號元嘉國際公寓A座820
TEL：86-10-64172733
FAX：86-10-64173011

◆北美出版事業群　4th Floor Harbour Centre P.O.Box613
GT George Town, Grand Cayman,
Cayman Island

◆倉儲及物流中心　新北市中和區中山路2段366巷10號3樓
TEL：02-8245-8786
FAX：02-8245-8718

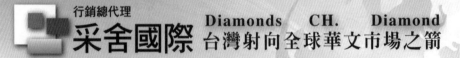

國家圖書館出版品預行編目資料

不管怎樣，別小看自己！ / 黃德惠著. -- 初版
. -- 新北市 : 華文網, 2011.12
面； 公分
ISBN 978-986-271-136-1(平裝)

1.成功法 2.生活指導
177.2 100020614

Live to be Yourself

不管怎樣，
別小看自己！

啟思 Cheese Group

不管怎樣，別小看自己！

本書採減碳印製流程並使用優質中性紙（Acid & Alkali Free）最符環保需求。

出 版 者 ◤啟思出版
作　　者 ◤黃德惠
品質總監 ◤王寶玲
總 編 輯 ◤歐綾纖
文字編輯 ◤劉汝雯
美術設計 ◤李家宜

郵撥帳號 ◤50017206 采舍國際有限公司（郵撥購買，請另付一成郵資）
台灣出版中心 ◤新北市中和區中山路2段366巷10號10樓
電　　話 ◤(02) 2248-7896　　傳　　真 ◤(02) 2248-7758
I S B N ◤978-986-271-136-1
出版日期 ◤2014年最新版

全球華文市場總代理 ◤采舍國際
地　　址 ◤新北市中和區中山路2段366巷10號3樓
電　　話 ◤(02) 8245-8786　　傳　　真 ◤(02) 8245-8718

全系列書系特約展示
新絲路網路書店
地　　址 ◤新北市中和區中山路2段366巷10號10樓
電　　話 ◤(02) 8245-9896
網　　址 ◤www.silkbook.com

線上 pbook&ebook 總代理 ◤全球華文聯合出版平台
地　　址 ◤新北市中和區中山路2段366巷10號10樓
主題討論區 ◤www.silkbook.com/bookclub　　● 新絲路讀書會
紙本書平台 ◤www.book4u.com.tw　　● 華文網網路書店
電子書下載 ◤www.book4u.com.tw　　● 電子書中心 (Acrobat Reader)

本書係透過華文聯合出版平台自資出版印行。